KiWi
Paperback

775

Das Buch:

Schon mal vor Glück geheult – beim Anblick von Barolonockerln? Und nach zart aufgeschnittenem Parmaschinken, Wildschweinragout mit Pflaumen und leckeren Malfatti das Wort »Genussstörung« ersatzlos und auf ewig aus dem Vokabular gestrichen? Dann können Sie »richtig fressen«! Aber was essen, wenn's mit dem Partner nicht so läuft, sich die Kreativität am Schreibtisch staut und auch sonst das Leben nicht viel zu bieten hat? Einfach ein paar Scheiben extra fette Wurst ohne Brot und *ohne* Worte. Oder Mohnkuchen mit Vanilleeis und Schlagsahne. Essen ist eine Widerstandsform gegen jede Art von Unterdrückungsversuchen. Egal, ob in Liebesbeziehungen, politisch motiviert oder einfach gegen den Schlankheitswahn. Jürgen Tarrach hat zusammen mit seinem Freund und Ko-Autor Klaus Ortner seinen Widerstand dokumentiert – mit Rezepten für zwei Personen (im normalen Leben ausreichend für vier) und in Geschichten über ein verlorenes Paradies.

Die Autoren:

Jürgen Tarrach, geboren 1960 in Geilenkirchen, wurde in der Rolle des skurrilen Kommissars Docker in dem Kinofilm »Die Musterknaben« einem großen Publikum bekannt. Er erhielt für seine Hauptrolle im »Tatort Norbert« den Deutschen Fernsehpreis und wurde für die Darstellung in »Wambo« mit dem Adolf-Grimme-Preis und der Goldenen Nymphe von Monte Carlo ausgezeichnet.

Klaus Ortner, geboren 1960, diplomierter Gesundheits- und Krankenpfleger ohne Diätausbildung. Erfinder des Serviettenhandschuhs. Darsteller von Mordopfern, Polizisten, Taxifahrern und Wurstverkäufern in diversen Krimiserien. Seit nunmehr zwanzig Jahren ungefähr 24 687 Euro mit Jürgen Tarrach vertelefoniert und 26 958 470 492 Kalorien mit Jürgen Tarrach gemeinsam verzehrt. Ab 23. April 2048 konsequente Diät angestrebt (eigentlich fast sicher!).

Jürgen Tarrach
Klaus Ortner

richtig
fressen

Rezepte zum
Sattwerden

Kiepenheuer & Witsch

1. Auflage 2003

© 2003 by Verlag Kiepenheuer & Witsch, Köln
Umschlaggestaltung: Barbara Thoben, Köln
Umschlagfoto: © Helge Tscharn
Gesetzt aus der Stempel Garamond
Satz: Greiner & Reichel, Köln
Druck und Bindearbeiten: Clausen & Bosse, Leck
ISBN 3-462-03254-2

Inhalt

Für Brita und Ulrike

König Heinrich IV.

Erster Teil
Zweite Szene
Ein anderes Zimmer im Palast
Prinz Heinrich von Wales und Falstaff treten auf.

FALSTAFF Nu, Heinz! Welche Zeit am Tage ist es, Junge?

PRINZ HEINRICH Was Teufel hast Du mit der Zeit am Tage zu schaffen? Die Stunden müssten denn Gläser Sekt sein, und Minuten Kapaunen, und Glocken die Zungen der Kupplerinnen, und Zifferblätter die Schilder von lüderlichen Häusern, und Gottes Sonne selbst eine schöne hitzige Dirne in feuerfarbnem Taft – sonst sehe ich nicht ein, warum Du so vorwitzig sein solltest, nach der Zeit am Tage zu fragen.

FALSTAFF Nun gut denn, Herzensjunge, wenn Du König bist, so lass uns, die wir Ritter vom Orden der Nacht sind, nicht Diebe unter den Horden des Tages heißen: Lass uns Dianens Förster sein, Kavaliere vom Schatten, Schoßkinder des Mondes; und lass die Leute sagen, dass wir Leute von gutem Wandel sind, denn wir wandeln, wie die See, mit der Luna, unserer edlen und keuschen Gebieterin.

PRINZ HEINRICH Gut gesprochen, und es passt auch gut, denn unser Glück, die wir Leute des Mondes sind, hat seine Ebbe und Flut, wie die See, da es, wie die See, unter dem Monde steht. Als zum Beispiel: Ein Beutel mit Gold, der Montagnachts auf das Herzhafteste erschnappt ist, wird Dienstagmorgens auf das Scherzhafteste durchgebracht; verzehrt mit Schreien: bring' her! Jetzt so niedrige Ebbe, wie der Fuß der Leiter, und gleich darauf so hohe Flut, wie der Gipfel des Galgens.

Das Vorwort

»Mahlzeit.«

Vor der Mahlzeit sind alle Menschen gleich.

richtig fressen!

Rezepte, Geschichten und Anleitungen zum Sattwerden.
Richtig satt werden bedeutet für uns, mit Genuss satt werden. Wir brauchen zum Genuss: den richtigen Raum zur richtigen Zeit mit dem richtigen Menschen und das richtige Gericht. Dann erst haben wir das Gefühl: Das stimmt. Wir erleben einen absoluten, harmonischen Genuss. Dieser kann überall stattfinden: mit einem Stück Speck zu Hause vorm Kühlschrank, an der Imbissbude oder im 4-Sterne-Lokal. Wir lesen nicht nur Robert Musil gerne, sondern auch die Münchner Abendzeitung. Wir sehen nicht nur Filme von David Lynch, sondern können auch spannende deutsche Krimis genießen. »richtig fressen« bietet neben exklusiven Rezepten aus aller Welt auch Anleitungen für den genussvollen Verzehr von Fastfood oder Butterbroten. Die von uns aus unterschiedlichsten Perspektiven in Bemerkungen, kurzen Geschichten, Gedichten, Szenen, Ausreden, Monologen, Tagträumen, Schönfärbereien und Erinnerungen beschriebenen Situationen sollen ermutigen, den Genuss nicht nur auf das 4-Sterne-Restaurant zu verschieben, sondern täglich und auch in den vielleicht noch etwas verschämt durchgeführten Kühlschrankbesuchen zu erleben.
»Wenig braucht's nicht sein, aber gut«, ist das zweite wichtige Element. »richtig fressen« ist auch eine Anleitung, um die Beherrschung zu verlieren, das Bekenntnis zum persönlichen Genuss, und soll das Vertrauen in die eigene Unmäßigkeit stärken und fördern. Daher sind die Mengenangaben in den Rezepten immer für 2 Personen vorgesehen.
Um die Orientierung zu erleichtern, haben wir die Genüsse in

Hauptspeisen (ideal für Mittag und Abend),

Nachtspeisen (ideal für die Nachtzeit) und

Fingerfoodvariationen (ideal für immer und zwischendurch) eingeteilt.

Es entstand ein Buch mit ganz unterschiedlichen Texten, die wir gemeinsam verfasst haben. Manche Geschichten haben wir erfunden, einige haben wir uns erzählt und viele haben wir im Laufe der letzten 20 Jahre unserer Freundschaft gemeinsam erlebt. Während der Arbeit an diesem Kochbuch, als wir noch keine Ahnung hatten, was aus ihm werden würde, standen wir vor einer Masse an Lieblingsrezepten und unerlässlichen wie lieb gewonnenen Zutaten. Wir begannen uns wieder Geschichten zu erzählen, und es entstanden noch mehr ganz, ganz wichtige und für das Buch unbedingt notwendige Ideen und Rezepte. Statt die Texte genau ihrem Verfasser zuzuordnen, haben wir alles in einen gemeinsamen Topf geworfen. Wir haben uns darauf eingelassen, dass dieses Buch vielleicht von dem Gefühl getragen wird, man würde in Briefen und Fotos voller Erinnerungen wühlen. Aber auch von dem Gefühl, das – zwischen »Fit for Fun« und »anorexic chic« – verloren gegangen ist. So kam es zu den »Adam & Eva«-Geschichten »Erkenntnis«, »Abnehmen!« und »Die Versuchung«, die mit einem Augenzwinkern von Himmel und Hölle im Leben eines richtigen Fressers erzählen.

Im Frühjahr 2003   Klaus Ortner und Jürgen Tarrach

Erkenntnis

Adam saß in ihrer gemeinsamen Wohnung auf der Couch, vor sich der halbhohe Kirschholztisch. Er wollte zurück ins Paradies! Doch wie?
Sie würde erst in einer Stunde zurück sein. Sie war Joggen, rannte ihrer Orangenhaut davon. »Laufen« und diese sündhaft teure Creme aus Frankreich, aus Paris oder Vichy, er vergaß es immer, wären das Einzige, was gegen Orangenhaut helfen würde, behauptete sie. Es war ihre Art, dem Paradies wieder etwas näher zu kommen. Ein kleiner Schritt nur, denn sie war bescheidener geworden nach der Sache damals mit dem Apfel.
Ihre elfjährige Tochter Luisa war bei einer Freundin, sie mussten morgen ein Referat über die römische Kultur halten. Er war allein.

Als Eva das Haus verlassen hatte, begann er sich Nudeln zu kochen. Sie hatten zwar mittags schon eine warme Mahlzeit zu sich genommen, doch er wusste, wenn sie vom Joggen heimkehren würde, würde sie keinen großen Appetit mehr haben. Und es wäre ihm dann peinlich, vor ihr diese schöne, riesige Spaghettiportion allein zu vertilgen. Nicht, dass sie ihm Vorwürfe machen würde, aber ein viel sagender Blick würde genügen, bei ihm eine Art »schlechtes Gewissen« auszulösen. Und dann wäre diese kleine Glückseligkeit in Form sich kräuselnder Nudeln und öliger, roter, scharfer Sugo dahin!
Dann doch lieber allein, für sich, in gewissem Sinne »heimlich«! Adam würde den Teller nachher wieder abwaschen, die Essensreste in Tupperware verschließen und ganz hinten im Kühlschrank verstauen.
Er war nun ein wissender, erkennender Mensch geworden, mit Verantwortung für sein eigenes, begrenztes Leben. Doch das alles wollte er wieder abschütteln.
Nun stand die »heimliche«, dampfende Pasta vor ihm auf dem Kirschholztisch, noch zu heiß, sie würde ihm den Gaumen und die Zunge verbrennen mit dieser höllisch scharfen Sauce, die er Arrabiata nannte. Fünf zerbröselte getrocknete Peperoncini begründeten diesen Namen.

Er hatte schon zwei Gläser Rotwein getrunken und würde vielleicht noch drei oder vier, vielleicht auch noch ein fünftes zu seinem Gericht trinken (Eva sollte nichts merken!). Und zunächst würde der Wein der Verdauung sehr zuträglich sein, jede Hemmung zur Seite schieben, und er hätte beim Essen kein Völlegefühl! Doch nach dem Essen würde der Wein für den umgekehrten Effekt sorgen, sodass sein gesamter Kreislauf vonnöten sein würde, um all sein Blut aus dem Gehirn abzuziehen, und um es mit diesem Gegner aufnehmen zu können. Sein Bewusstsein würde sich für eine Weile in einer Hängematte ausruhen und somit auch ihn nicht mehr stören. Es würde sich eine wohlige Dumpfheit einstellen. Für eine kurze Zeit wäre er dem Paradies wieder näher.

Das mit dem Joggen hatte er auch mal probiert. Aus Solidarität. Für sie. Eigentlich aus Liebe. So lief er also neben ihr her mit diesen neuen, bequemen Laufschuhen. Er wollte sich einen kleinen Anreiz geben und keuchte, schwitzte und blickte auf den Boden, der vor ihm verschwand. Eigentlich lief er nicht direkt neben ihr. Sie hatte immer ein, zwei Meter Vorsprung und er spürte, dass, wenn er jetzt nicht da wäre, sie heiter und befreit lossprinten würde. Aber sie blieb bei ihm und zügelte ihre Kraft bis auf diese zwei Meter Abstand. Wie eine Mutter, die ihr dreijähriges Kind auch nicht beim Laufenlernen allein ließ, blieb sie bei ihm. Er war also wieder ein dreijähriges Kind geworden und seine Frau war nicht mehr seine Frau, sondern eine liebevolle, umsorgende Mutter! Er war zu einem Wesen degeneriert, dem man den Hintern abputzen, das man füttern und dem man abends, um böse Geister zu vertreiben, eine Gutenachtgeschichte vorlesen musste.
Das Keuchen wurde lauter, seine Beine immer kürzer, der Bauch wurde durch die Erdanziehung immer weiter nach unten gezogen. Eine Depression! Wo war denn nun dieser berühmte Adrenalinausstoß? Er hatte viel über die Tänze der Derwische gelesen, die sich in Trance tanzten, um so Gott, also dem Paradies, näher zu sein. Er hatte sogar schon einmal ein Video darüber gesehen. So müsste es ihm doch jetzt auch ergehen! Er wusste, wenn er die Erkenntnis abschütteln wollte, musste er zu noch größerer Erkenntnis kommen, um wieder in den Zustand der Unschuld zu gelangen. (Das war nicht von ihm. Das hatte er irgendwo gelesen ...)
Doch wo blieb das Adrenalin der Derwische jetzt, wo er sich doch so abmühte? Er konnte nicht mehr. Ein Vierzigjähriger im Körper eines Dreijährigen konnte nicht in Trance fallen und zu keiner Erkenntnis gelangen. Außerdem:

Er hatte keine Orangenhaut, zumindest keine körperliche! Und überhaupt: Er mochte diese kleine unvollkommene Stelle bei Eva zwischen Pobacke und Oberschenkel! Und wem außer ihm würde sie schon groß auffallen? Und es machte sie so – menschlich!

Seine Orangenhaut saß im Kopf, und der war mit »Laufen« sehr schwer beizukommen. Doch wieder zu Hause, ausgelaugt, beschämt, schwer depressiv und sich immer noch wie ein kleines Kind fühlend, wurde ihm noch etwas viel Schrecklicheres bewusst: ER HATTE KEINEN APPETIT! Wenn er sich doch wenigstens mit etwas hätte belohnen können: einige zart aufgeschnittene Scheiben vom Parmaschinken, Melone dazu oder verlaufender, wohl temperierter Ziegencamembert mit Preiselbeeren, Toast dazu. Aber nein: Keinen Appetit!!! Nicht keinen Hunger: KEINEN Appetit! Was viel schlimmer war! Im Gegenteil: Der Gedanke an die schönsten Speisen erregte bei ihm Brechreiz, Ekel! Und so erbärmlich schwitzend schon erst recht nicht. Also vor dem Essen musste erst geduscht werden. Und danach? Danach befiel ihn morgens um zehn Uhr eine dumpfe, unangenehme Müdigkeit. Er legte sich auf die Couch und schlief sehr, sehr traurig und verzweifelt ein. Als er dann gegen zwölf Uhr erwachte, hatte er die Alpträume, die ihn heimsuchten, Gott sei Dank vergessen. Sein Magen knurrte! Joggen! Der Derwisch! Die Depression! Nein, die Erkenntnis der Erkenntnis würde ihm für immer versagt bleiben.

Eva würde bald zurück sein. Die Temperatur seiner Spaghetti, die immer noch unberührt auf seinem Teller lagen, war nun ideal! Seine Vorfreude auch! Das dritte Glas Rotwein hatte seinen Appetit angeregt und angenehm gemacht. Der Alkohol verlangte nach Nahrung. So ließ er die Gabel an der höchsten Stelle des Monte della Pasta hineingleiten, da, wo der Parmesan auf der heißen Sauce schon verlaufen war. Er drehte die Gabel langsam, sodass sich die bissigen Hartweizenfäden mit den Ingredienzien der Sauce vermischen und eine schöne leichte Rotfärbung annehmen konnten. Er wickelte die Nudeln so lange auf seine Gabel, bis eine ansehnliche, mundgerechte Portion darauf Halt und Platz gefunden hatte, und unterstützt von Gevatter Löffel, führte er sie zum Mund, wo sich die Geschmacksnerven sogleich in orgiastische Unterhaltungen stürzten, in einen Freudentaumel verfielen und lediglich darüber in Streit gerieten, ob der letzte Besuch nicht doch schärfer gewesen war. Aber auch die Geschmacksknospen waren mit ihm vierzig Jahre gealtert und hatten ihre Urteilskraft ein wenig eingebüßt, sodass sie nach immer stärkeren Dosen verlangten. Gabel und Löffel arbeiteten Hand in Hand, wie von selbst, wie Zauberlehrlinge, die das Erlösungswort vergessen haben, leerten sie den Teller bis zur Neige …

Die erste Portion! Er war zufrieden und glücklich, doch die Zeit drängte. Sollte er sich noch eine Portion holen? Er verschwieg vor sich selbst, dass er noch einmal in die Küche ging und ein zweites Mal seine Hauptspeise auf seinem Teller ausbreitete und aß.

Er spülte das sechste Glas Wein an seinem nach Feuer schmeckenden Gaumen vorbei in den vollen Magen, lehnte sich erleichtert und zufrieden zurück. Sein Gehirn war leer!

Der Gedanke kam ihm ganz beiläufig, wie ein Spaziergänger im Nebel, dessen Umrisse man zunächst nur schemenhaft wahrnimmt und für einen Fremden hält. Doch dann wurde er immer gegenwärtiger, denn nun, im Zustand fast völliger paradiesischer Verklärung, wie sie vielleicht nur große Denker haben in frühen Morgenstunden zwischen Schlafen und Wachen, kam dieser Gedanke aus dem nebelverhangenen Spaziergang immer näher zu ihm. Diese Erleuchtung würde ihn vor den Blicken Evas, den strafenden, für immer bewahren. Er würde eine neue Philosophie einleiten, mit der er jedes schlechte Gewissen in jenseitige Gefilde vertreiben könnte. Dieser Gedanke stand nun selbstbewusst und eindeutig vor seinem geistigen Auge nicht nur als Bekannter, nein als ein Freund: Wenn Eva damals im Paradies durch diesen einzigen Biss in den Apfel zur Erkenntnis gelangt war, so müsste man doch durch mehr Essen zu noch mehr Erkenntnis gelangen und das Tor zum Paradies wieder öffnen können!!

Eva kam herein, glücklich, ein wenig außer Atem, und sagte: »Ich geh noch schnell duschen!«

»Soll ich uns ein Abendbrot machen?«

»Nein«, sagte sie, schon aus dem Badezimmer, »ich hatte mir einen Apfel mitgenommen.«

Er schmunzelte zufrieden in sich hinein. Er würde seine neue Erkenntnis für sich behalten; denn schließlich war sie ja an dem ganzen Schlamassel schuld!

Die Hauptspeisen

Maria Stuart
Spaghettini aglio olio extrema

Das Theaterstück »Maria Stuart« von Friedrich Schiller ist zu Ende. Es regnet, die Beleuchtung am Bühnenausgang vom Stadttheater ist so schlecht, dass man den nicht wartenden Steven Spielberg kaum vom wartenden Requisiteur unterscheiden kann. Mortimer und Leicester gehen geschäftig am Pförtner vorbei, der auf die übliche Frage: »War was für mich?« nicht einmal mehr den Kopf hebt. »Warten wir doch noch auf die Königin«, sagt Mortimer. Leicester ist dafür und denkt an ihr großes Bett, an das gute Essen und den Kuss vor der Hinrichtung. Der Kuss vor ihrer Hinrichtung war heute anders. Ihre Lippen waren warm – oder lag es nur daran, dass die Versenkung, mit welcher sie während des Kusses zur Hinrichtung gefahren wurde, nach acht Vorstellungen zum ersten Mal ohne Rumpeln und Ruckeln und Knirschen und Schieben funktionierte und sie deshalb ihren tragischen Schlussmonolog zum ersten Mal ohne Lacher aus dem Publikum zu Ende bringen konnte? Aus Richtung Publikumseingang kommt eine männliche Gestalt. Vielleicht der Dramaturg aus Hamburg? Angeblich war er schon vor acht Wochen in der Vorstellung. Vielleicht war er heute nochmal gekommen, um sich ganz sicher zu sein, wen er jetzt ans Staatstheater engagieren will. Nein, kein Karrieresprung, es ist Johnny, der Freund von Maria Stuart. Also keine Karriere, kein Abendessen und kein Kuss.
Der Bankomat grüßt höflich und bittet freundlich um einen Besuch in der Bank.
Wir können beim Griechen auch anschreiben lassen. Geht nicht. Heute: Ruhetag! Kein Pils und kein Bifteki. Der Hunger wird größer. In der Wohnung von Mortimer sind noch eine Flasche »Julia«-Grappa, vier Peperoncini und 250 Gramm Nudeln. In der Wohnung von Leicester noch 400 Gramm Nudeln, drei Knollen Knoblauch und zum Glück hat Graf York keinen Hunger, aber einen halben Liter Olivenöl und jede Menge Petersilie.

500 g Spaghettini
(z. B. DeCecco)

250 ml Olivenöl
»extra vergine«

32 Knoblauchzehen
(»Argentinischer«)

2 Peperoncini
(getrocknete, kleine,
scharfe Chili-
schoten)

reichlich Parmesan

20 g Butter

2 Bund Petersilie

Salz, Pfeffer

5 l kaltes Wasser mit einer Hand voll Salz und einem EL Olivenöl zum Kochen bringen. Währenddessen die Knoblauchzehen schälen (»Knoblauchhexe«) und im Braun CombiMax zerkleinern. Petersilie und Peperoncini fein hacken. Die Nudeln ins sprudelnd kochende Wasser geben und bei geringer Hitze köcheln lassen. Tipp: 2 Kochlöffel zwischen Deckel und Topf legen.

Nach 5 Minuten die Bissfestigkeit im Minutenabstand kontrollieren.

Das Olivenöl mit dem zerkleinerten Knoblauch vermengen.

In einer »Parallelaktion« 1 Minute bevor die Nudeln fertig sind, die Knoblauch-Öl-Mischung gemeinsam mit der Butter und den Peperoncini in einer großen Pfanne anschwitzen. Anschließend die tropfnassen Spaghettini ebenfalls in die Pfanne geben und vermengen.

Die gesamte Petersilie darüber streuen und kräftig durchmischen.

Umgehend servieren! Parmesan direkt auf die angerichtete Speise reiben.

Dazu wird schöner Valpolicella (z. B. Della Cane di St. Stefano) oder einfach Grappa in Weißweingläsern gereicht.

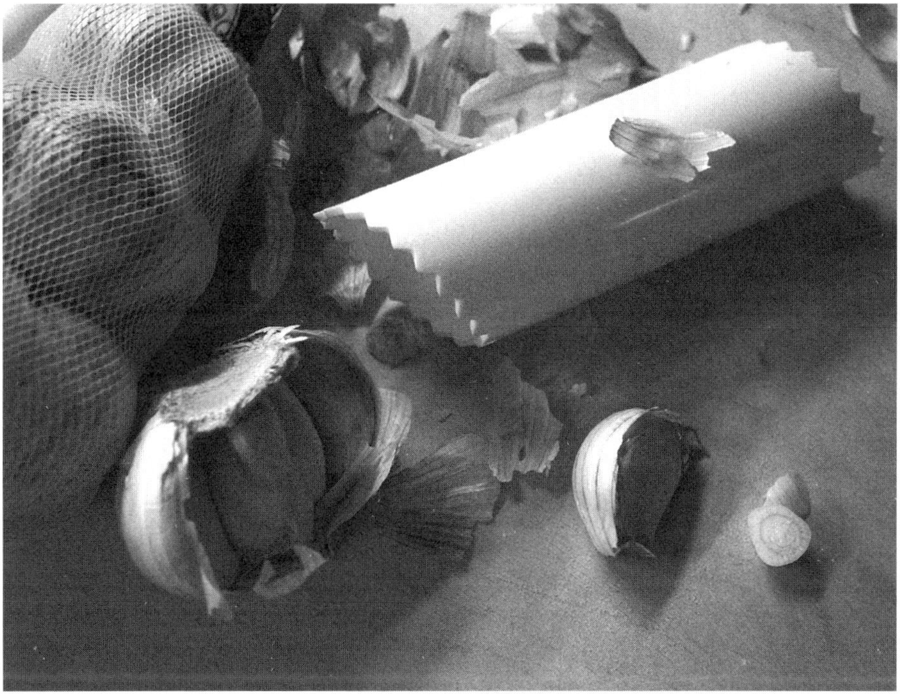

Keuschheit
Sauerkrautauflauf

Hinter den Mauern der alten Pfarrhöfe wurde mit weißen Schürzen und in ge-
kachelten Räumen von einer Frau für einen Mann gekocht. Sie war keine Mutter, sie war keine Putzfrau und keine Betfrau – sie war nie verheiratet. Er war
nie verheiratet. Es wurde alles auf den Tisch gebracht.
Bei Dreharbeiten im österreichischen Waldviertel hatte ich einmal das Vergnügen, als einziger Gast eines echten Pfarrers und seiner echten Pfarrersköchin
ein kleines Wunder zu erleben. Der servierte Sauerkrautauflauf war in seiner
Schlichtheit unvergleichlich und in seiner saftig säuerlichen Vielfalt grandios.
Der Pfarrer war nicht dick und die Köchin sehr lustig. Die appetitliche Sau-
berkeit der Küche, der reine Duft der Speisen in dem mit Fresken verzierten
Barockgebäude, welches nur von zwei enthaltsamen Menschen bevölkert
wurde, machten mir plötzlich klar, warum sich so viele Menschen nach
Keuschheit sehnen.

Das Fleisch oder die ersatzweise verwendeten Materialien im Braun CombiMax zerkleinern. Das Sauerkraut kann in Butter vorgedünstet werden. Die gekochten Kartoffeln werden zerstampft. Den Boden einer gebutterten Auflaufform mit einer 3 cm hohen Lage Kartoffelstampfe bedecken. Anschließend eine Lage Sauerkraut, dann das Fleisch. So weitermachen, bis die Form voll ist. Auf der letzten Schicht Kartoffelstampfe reichlich Parmesan, Semmelbrösel und Butterflocken verteilen.
Das Ganze wird ausgiebig – das heißt mindestens 20 Minuten bei 180 Grad – überbacken.

750 g
gekochte Kartoffeln
(ins Kochwasser
Salz und etwas
Estragon)

300–400 g
Fleischreste (z. B.
Schweinebraten,
Hackbraten usw.),
und/oder Wurst und
Käsereste

750 g Sauerkraut

150 g Butter

Parmesan und
Semmelbrösel

Salz, Pfeffer

Comeback
Wiener Schnitzel

Wiener Schnitzel. Wiener Schnitzel. Sein Ruf ist dahin. Wir sehen geschwärzte Fritteusen vor uns, in die lieblos ein paniertes Etwas hineingeworfen wird. Keine Exklusivität mehr! Keine Eleganz! Ein geschmackloser Fleischlappen, ein Allerweltsname, den man überall antrifft, der sich überall anbietet und anbiedert. Mit dem man nichts mehr zu tun haben will. Wie ein abgetakelter Schlagersänger, ein gewesener Star, der nur in Baumärkten, Kaufhäusern und auf drittklassigen Betriebsfeiern sein Publikum findet, so begegnet uns das Wiener Schnitzel in Raststätten oder Touristenfallen.

Was für ein himmelschreiendes Unrecht! Geschändet, verflucht, verlacht! Holen wir es zurück von der Kinderspeisekarte, wo es im Pinocchiokostüm für unsere kleinen Gäste wie ein trauriger Clown nur halb gegessen auf dem Teller zerschnitten übrig bleibt. Befreien wir es von Jäger- und Zigeunersaucen, von diesen deutschen Operetten, die nur noch in abgelegenen Kurorten unter dem Titel »Seniorenteller« zur Aufführung kommen. Das Schnitzel soll ein glanzvolles Comeback erleben, heraus aus der zweiten Garde, aus der Neben- oder Zweitbesetzung. Denn es hat alle Qualitäten dazu: zartes Kalb- oder auch Schweinefleisch, umhüllt von einer knusprigen Panade aus frisch geriebener Weißbrotkrume, die den Saft des Fleisches bewahrt, lediglich beträufelt mit Zitronensaft, begleitet von frischem grünen Salat und herrlichen neuen Salzkartoffeln. Vielleicht noch unterstützt von Wildpreiselbeeren. In dieser klassischen Rolle kann das Schnitzel wieder glänzen, die große Bühne betreten und durch seine große Verwandlung überzeugen. Nur an wenigen ausgesuchten Orten kann man diese großartige Aufführung erleben. Da ist das Schnitzel so übergroß, dass wir hoffen, dass unsere Frauen und die Kinder etwas übrig lassen, weil wir einfach nicht genug bekommen können: »Da capo, da capo, da capo!«, schreien wir.

4 Schnitzel (Kalb
oder Schwein)

Butter- und
Schweineschmalz

3 EL Olivenöl

1–2 Eier

Semmelbrösel

weißes Mehl

Zitronen

Ehrlich gesagt, ist mein Lieblings-Wiener das aus Schweinefleisch. Kalbfleisch ist natürlich feiner. Schwein hat dafür mehr Charakter! Wer Kalbsschnitzel verwendet, braucht diese meist nicht zu klopfen, sondern nur leicht flachzudrücken, das heißt: plattieren. Die Schweineschnitzel sollten jedoch mit einem Fleischhammer schön dünn geklopft werden. Von beiden Seiten salzen und pfeffern. Nun alle vier Schnitzel mit Mehl dünn bestäuben. Die Eier in einem großen, tiefen Teller lediglich mit einer Gabel locker verschlagen. Nun jeweils ein Schnitzel durch das Ei ziehen und sofort auf die Semmelbrösel legen und beidseitig panieren. Den Butterschmalz in einer geräumigen Pfanne erhitzen, das Olivenöl dazugeben. Die Pfanne sollte gut mit Fett bedeckt sein. Das Fett darf nicht zu kalt, aber auch nicht zu heiß sein. Von jeder Seite etwa fünf Minuten braten. Wenn während des Bratens zu viel Fett aufgesogen wird, noch etwas Butterschmalz hinzugeben. Dann auf Küchenkrepp kurz entfetten. Heiß auf Teller geben und mit Zitronenvierteln servieren, deren Saft man über die Schnitzel träufelt.

Dazu passen grüner Salat, Kartoffelsalat, Petersilienkartoffeln, Gurkensalat oder am besten gemischter Salat. Als Getränk im Sommer unschlagbar ein frisches Bier (Lieblingssorte) oder ein nicht zu kräftiger Weißwein.
Und hier noch einige Festspielorte, wo man dem echten Protagonisten »Wiener Schnitzel« begegnen kann:
Restaurant Alpenrose, Krispl, Salzburger Land
Zu den Drei Hacken, Singerstraße, Wien
Café Einstein, Kurfürstenstraße, Berlin

Wasser kochen
Fischsuppe

Nach der 43. Vorstellung vom »Zauberer von Oz« schminkt sich Harry, der Darsteller des Blechmanns, ab. Er ist freudig erregt und sein Kollege, die Vogelscheuche, fragt ihn, was mit ihm los sei. »Ach nichts, die ZBF* hat heute morgen bei mir angerufen!«

»Was? Die ZBF, die hat bei mir seit Monaten schon nicht mehr angerufen. Ich glaube sowieso, dass der Herr Dr. Meyer mich nicht gut findet, der war doch früher mal Brecht-Schauspieler und mit Brecht kann ich gar nichts anfangen. Und haben sie was für dich? In Kassel gibt's ja bald einen Intendantenwechsel.«

»Nee, nee, hat nichts mit Theater zu tun, soweit ich es verstanden habe. Ich muss jetzt noch mal zurückrufen. Ich musste ja heute früh zur Vorstellung.«

Das Wort »Vorstellung« hat er dabei besonders betont. Denn er war auf die guten Kritiken über den Blechmann recht stolz und so wollte er eigentlich zu »meiner Vorstellung« sagen. Aber er vermied es, um seinen Kollegen nicht zu brüskieren und um das freundliche Klima zwischen den beiden nicht zu vergiften. Schließlich teilen sie sich schon seit drei Jahren die Garderobe.

Die Neugier der Vogelscheuche ist nun angestachelt: »Na los, rück raus! Einen Drehtag?«

»Du weißt, ich bin sehr abergläubisch und möchte über ungelegte Eier noch nicht reden. Vielleicht weiß ich ja zur Nachmittagsvorstellung mehr.«

Die Vogelscheuche wird nachdenklich. Stille. »Du hast ja Recht, man tut irgendwie viel zu wenig für seine Karriere, aber diese ewigen Proben. Immer wenn ich mir vornehme, ›heute ruf ich mal bei der ZBF an‹, habe ich schon wieder eine Übernahmeprobe, weil Boldchen krank ist.«

*ZBF – Zentrale Bühnen-, Fernseh- und Filmvermittlung, Schauspieleragentur des Arbeitsamts

Drei Stunden später kommt der Inspizient aufgeregt in die Garderobe von Blechmann und Vogelscheuche, wo sich die Vogelscheuche gerade noch die letzten Reste des Requisitenstrohs in den Ärmel stopft.

»Wo ist Harry? Die Vorstellung geht doch gleich los?« Die Vogelscheuche beruhigt ihn: »Harry war am Vormittag ja da, er hat noch nie eine Vorstellung versäumt. Außerdem tritt der Blechmann ja erst im siebten Bild auf und er wird bestimmt gleich auftauchen.« »Kinder jajaja, bin ja schon da!«, tönt es von der Tür. Gott sei Dank, der Blechmann ist da!

»Was war denn los?«, fragt ihn die Vogelscheuche. Während der Blechmann beginnt, sich vom einfachen Menschen in einen Blechmann zu verwandeln, erzählt er hastig und in großer Erregung, was der frühe Nachmittag für Veränderungen gebracht hat. »Ich muss heute noch zum Intendanten und um Umbesetzung für drei Vorstellungen bitten. Denn stell dir vor, die ZBF hat meine Fotos Jean-Jacques Annaud vorgelegt, der für seinen neuen großen Kinofilm »Der Name der Rose« nach Besetzungen sucht. Du kennst doch das Buch von Umberto Eco? Ja, und Jean-Jacques Annaud war ganz begeistert von meinem Gesicht.«

Die Vogelscheuche ist sprachlos. Nicht nur über dieses einmalige Angebot, nein, er sieht schon wieder Umbesetzungsproben auf sich zukommen, gerade jetzt, wo sie doch so gut eingespielt sind. »Und weißt du schon, wen du darin spielen sollst?«, ist das Einzige, was die Vogelscheuche sagen kann. »Das Drehbuch kommt morgen und am Wochenende treffe ich Jean-Jacques Annaud, der mich für den »Monk« haben will. Und rate mal, wer die beiden Hauptdarsteller sind? F. Murray Abraham und Sean Connery!«

»Monk? An den kann ich mich jetzt gar nicht erinnern, aber ist ja auch schon länger her, dass ich das Buch gelesen habe.« »Ja, ja, ich muss auch noch mal reinschauen, wer Monk noch mal war. Aber kann das nicht dieser kauzige Typ gewesen sein, der in vielen unterschiedlichen Sprachen spricht?« Hier müssen sie das Gespräch abbrechen, da der Inspizient schon zum zweiten Mal die Vogelscheuche auf die Bühne bittet.

Vier Wochen später sitzen die Vogelscheuche und der Blechmann vor der 72. Vorstellung vom »Zauberer von Oz« wieder gemeinsam in ihrer Garderobe. Der Blechmann ist aus der großen Filmwelt heimgekehrt und blickt glücklich und mit sich zufrieden in seinen Spiegel: »Und wie hat das mit der Übernahme geklappt?«

»Ach, du kennst ja Anton, er ist ja völlig anders als du, aber er hat das ganz gut hingekriegt. Nur dein »Ölkanne-Rufen« finde ich witziger. Na ja, aber bei einer Übernahme hat man ja nie die Zeit, richtig in die Rolle hineinzufinden. …Wer war denn nun »Monk«?«

»Wir haben in Englisch gedreht und Monk heißt Mönch. Ich habe einen Mönch gespielt. Wie der Qualtinger auch.«

»Ja, den hab ich ja schon mal live im Burgtheater gesehen, aber wie waren denn Sean Connery und F. Murray Abraham?«

Der Blechmann nimmt nun das Schminktöpfchen mit der Silberschminke für sein Gesicht und sagt nach einer Pause: »Du, die kochen auch nur mit Wasser!«

600 g Seezunge

220 g frische Tomaten, entkernt und enthäutet (Es gehen aber auch Tomaten aus der Dose. Vorher nur ordentlich abtropfen lassen.)

1,25 l Hühnerbrühe

2 TL Salz

1 TL Fünf-Pfeffer-Mischung

2 TL trockener Sherry

2 TL frischer Ingwer, fein geraspelt

2 EL Frühlingszwiebeln, klein geschnitten

1 EL frischer Schnittlauch, fein gehackt

1 EL frischer Koriander, fein gehackt, oder 10 Kügelchen Koriandersamen, im Mörser zerstoßen

1 EL Olivenöl

Die Brühe zum Kochen bringen. Mit Salz, Pfeffer, dem Sherry und Ingwer würzen und 5 Minuten köcheln lassen.

Den Fisch in 5 cm große Stücke schneiden und in die Brühe geben. Den Topf sofort vom Herd nehmen, abdecken und den Fisch 5 Minuten gar ziehen lassen, bis er eine schöne weiße Farbe bekommt.

Den Fisch herausnehmen und auf Teller verteilen. Mit den Tomatenstücken, den Zwiebeln, dem Schnittlauch und dem Koriander garnieren und vorsichtig mit heißer Brühe übergießen.

Weseler Straße 3, Top 24
Scharfe Rosmarin-Pelati-Nudeln

Selbst wenn man an der Ausfallstraße einer deutschen Provinzstadt in einem Einzimmer-Appartement mit Kochnische wohnt, abwechselnd auf einen kleinen TV-Portable und die großen Garagentore schaut und um Mitternacht endlich der letzte Ford Escort vorm Fenster parkt, gibt es einen Ausweg.
Dieses Gericht ist ideal bei Melancholien aller Art. Insbesondere geeignet bei Spontandepression nach dem Öffnen von eingeschriebenen Briefen, plötzlicher Selbsterkenntnis oder dem täglichen Selbstmitleidssupergau (lautes Weinen unter der Dusche). Es lindert die Aggression und meist gelingt durch den antiken Rosmaringeruch die Verbrüderung mit der Katastrophe.

5 l kaltes Wasser mit 3–4 EL Salz, einem EL Balsamico und 2 EL Olivenöl zum Kochen bringen. Dann Nudeln einwerfen.

Währenddessen Olivenöl, Knoblauch, Rosmarinzweige und die Chilischoten auf mittlerer Hitze halten, bis die Knoblauchzehen gelb-bräunlich werden. Dann den Rosmarin herausnehmen und die Pelati in das heiße Öl geben. Salzen, pfeffern und Honig zugeben. Herd auf Vollgas und 12 Minuten sprudelnd kochen lassen. Tipp: Ein Spritzschutz ist hier äußerst hilfreich.

Zum Abschluss werden die Peperoncini herausgefischt und das gehackte Basilikum in die Sauce gerührt.

Ausnahmsweise werden Nudeln und Pelati erst auf dem Teller gemischt.

Mit dem grob gehobelten Parmesan bestreuen und eine Chilimühle reichen.

Dazu wird ein preiswerter Valpolicella, am besten ein Ripaso-Wein, z. B. »St. Stefano« 1995, getrunken. Auch ein schöner Chianti Riserva, ja sogar ein Rioja Riserva können die *Wirkung* verstärken.

Tipp: Wenn Sauce übrigbleibt, diese erkalten lassen und gleich anschließend mit Weißbrot und Ciabatta auftunken.

6 Knoblauchzehen

3 lange Rosmarinzweige

2–5 Peperoncini

200 ml Olivenöl

500 g Spaghetti
(»De Cecco«)

4 Dosen Pelati à 400 g Füllgewicht (geschälte Tomaten)

1 Hand voll Basilikumblätter

Pfeffer, Salz

½ EL Honig

Parmesan, grob gerieben

Bauch
Schweinebauch gerollt, gefüllt, gebraten …

Der Bauch ist das Zentrum des Wohlbefindens. Bei den Vierbeinern noch mehr als bei den Zweibeinern, da er bei den Vierbeinern zeitlebens in einer idealen Hängematte aus z. B. schöner fester Schweinehaut getragen wird. Der Bauch ist eigentlich das unschuldigste und schönste Organ, welches Säugetiere und deren zweibeinige Nachfahren zu bieten haben. Der Bauch ist das zentrale göttliche Organ alter Religionen. Jeder von uns war schon dort – war monatelang in einem Bauch. Er ist die Heimat der Erleuchtung. Er ist die warme, runde, weiche Sehnsucht der Urgeborgenheit.
Panzer und Weichteil in einem, eine großflächige Schutzwiege, die – anatomisch gesehen – gekrönt wird durch das bei vielen Menschen leider im Schatten der Rippen versunkene Sonnengeflecht.
Und dieses herrliche Organ kann man auch essen:

Das Bauchfleisch durchschneiden, auseinander klappen, auf beiden Seiten mit Salz und Pfeffer einreiben. Dann den klein geschnittenen Porree gleichmäßig darauf verteilen, zusammenrollen und mit dem Faden festbinden (möglichst fest rollen und binden!).
In eine gefettete Pfanne geben bzw. bei fettem Fleisch nur Wasser in die Pfanne geben und im Backofen goldbraun braten.

1 kg Schweine-bauch

Salz, Pfeffer

2 Stangen Porree (Lauch)

Wasser

Faden (zum Zubinden)

Zehrung
Tafelspitz

Wird in unserem kleinen Dorf jemand begraben, gibt es nach der Beerdigung einen Höhepunkt, den Leichenschmaus, der – kein Mensch weiß, warum – Zehrung genannt wird.

Die Zehrung ist Trauerarbeit, wie sie besser nicht sein könnte.

Das gemeinsame Verzehren von gekochtem Fleisch mit Semmelkren und die entsprechenden Gespräche mit seit langem nicht mehr gesehenen Verwandten und Bekannten sind wohl das Schönste am Sterben (zumindest für die, die keine Erbschaft zu erwarten haben). Das gemeinsame Erinnern und Genießen schafft Perspektive und Hoffnung. Rindfleisch mit Semmelkren ist schmerzstillend, kontaktfördernd, und auch bei weniger traurigen Anlässen geht eine stark aufhellende Wirkung von diesem Gericht aus.

Erst wenn ein Wirt für die Zehrung und 100 Personen kolossale Stücke Rindfleisch und Beinfleisch in riesigen Töpfen stundenlang köcheln lässt, erhält die Suppe ihr besonderes Aroma. Trotzdem gibt es auch im kleineren Kreis durchaus ernst zu nehmende Ergebnisse.

Für die Rindsuppe werden im Suppentopf erst Karotten, Sellerie, Zwiebel, Petersilienwurz und Petersilie mit etwas Butter angebraten. Dann mit kaltem Wasser den Topf so weit auffüllen, dass das gesamte Fleisch noch Platz findet. Das Beinfleisch zugeben und bei mittlerer Hitze zum Kochen bringen. Den dabei entstehenden Schaum mit einer Kelle abschöpfen. Dann die Petersilienstengel, die Pfefferkörner und die Wacholderbeeren dazugeben. Nun das Ganze bei geringer Hitze 4–5 Stunden sieden lassen, d. h. es steigen kleine Blasen auf. Wenn es doch zu stark kochen sollte bzw. Flüssigkeit verdampft, mit einem Schöpfer kaltes Wasser nachgießen.
Nach ungefähr 3,5 Stunden kann man mit der Zubereitung des Tafelspitz beginnen. Den Tafelspitz in der Suppe circa 1 Stunde fertigköcheln. Die Suppe mit Muskat und Salz sowie im Krisenfall mit Cognac und Suppenwürfel abschmecken.
Für den Semmelkren das Weißbrot oder die Semmeln in kalter Milch einweichen, 2 bis 3 Schöpfer Rindsuppe zugeben und mit 3 Eigelb verrühren. Salzen und pfeffern sowie reichlich Muskat darüber reiben. Alles vorsichtig aufkochen. (Ein Becher Sauerrahm oder Crème fraîche macht den Semmelkren noch etwas herzhafter.) Kurz bevor der Siedepunkt erreicht ist, sollte reichlich geriebener Kren unter die Masse gehoben werden.

800 g Tafelspitz

Für die Suppe
1000 g Beinfleisch vom Rind, schön fett und am Knochen

½ Knolle Sellerie

3 Karotten

1 Petersilienwurz

mehrere Stengel Petersilie

½ Zwiebel mit Schale

Pfefferkörner

Wacholderbeeren

Schnittlauch

Muskat

Bei großen Krisen oder nicht anders korrigierbarer Einsamkeit (wenn das Geschmacksempfinden stark beeinträchtigt ist) zusätzlich

1 EL Cognac und
einen Suppenwürfel

Als Suppeneinlage
frischer Schnittlauch
und gekochte
Eiernudeln

*Für den
Semmelkren:*
2 alte Semmeln
oder 4 dicke
Scheiben altes
Weißbrot.

3 Eier

eine Krenwurz
(Meerrettich)

Muskat

2 Schöpfer
Rindsuppe

Salz, Pfeffer

Nach insgesamt 5 Stunden wird die Suppe vorsichtig abgeseiht und nur der Tafelspitz wieder in die klare Brühe gelegt, damit er warm bleibt. Für die Vorspeise wird das Beinfleisch ausgelöst und in kleine Stücke geschnitten, welche genauso wie die fein geschnittenen Karotten und die vorbereiteten Suppennudeln in die Teller gelegt, mit der Rindsuppe übergossen und mit dem Schnittlauch bestreut werden.

Als Hauptgericht wird der einmal aufgekochte Semmelkren gemeinsam mit dem Tafelspitz und Kartoffelrösti serviert.

Dazu passt ein Grüner Veltliner oder ein fruchtiger Weißburgunder. Auch ein Gläschen Schilcher Roséwein macht sich ausgezeichnet.

Mal wieder was auf die Beine stellen!
Wokpfanne

Mal wieder selber was machen! Einen Abend gestalten! Was Ernsthaftes! Eine Lesung vielleicht! Hesse … oder Rilke? Ja Rilke! Der Cornet. Wo steht der noch gleich? »Reiten, Reiten, Reiten, durch den Tag, durch die Nacht, durch den Tag.« Was hab ich gestern Nacht eigentlich gegessen? »Kommen bunte Buben gelaufen. Raufen und Rufen. Kommen Dirnen mit purpurnen Hüten im flutenden Haar. Der von Langenau rückt im Sattel und sagt: Herr Marquis!« Wo ist denn meine deutsche Gedichtsammlung? Hab ich die verliehen? Oder hab ich die eigentlich nie selbst gehabt? Jetzt weiß ich's, gestern hab ich mir Reis gebraten mit Ei. Oder stand der Cornet immer nur bei Ute? Ute! Ah, in der Jugendkiste im Keller! Da müsste auch noch mein Schauspiel-Diplom drin sein. »Der von Langenau rückt im Sattel und sagt: Herr Marquis!« Ja, da ist das Diplom, zusammengerollt, aber kein deutscher Gedichtband! Jugendkiste hin oder her, ich nehm jetzt die Dose Pizzatomaten, das Glas mit dem Chop Suey und die tiefgekühlten Aldi-Prawns mit nach oben.
Nach der Wokpfanne ruf ich Ute an.

2 Dosen Pizza-
tomaten

1 Glas chinesisches
Gemüse
»Chop Suey«

2 Packungen tief-
gekühlte King
Prawns (Garnelen-
schwänze)

Saft einer Zitrone

4 Knoblauchzehen

Ingwerpulver

Fünf-Gewürze-
Mischung, asiatisch

Zitronengraspulver

4 Peperoncini

getrocknete
Petersilie

Salz, Pfeffer

Tabasco

300 g Duftreis

Wenn man alles aus dem Keller geholt hat, erhitzt man den Wok, gibt 2 EL Olivenöl hinein und lässt die Garnelen elegant hineingleiten. Kurz schwenken, dann den Zitronensaft und die in feine Scheibchen geschnittenen Knoblauchzehen sowie die Peperoncini dazugeben.
Ein wenig andünsten, jetzt das Gemüse, die Tomaten und Gewürze hinzugeben. Eine Viertelstunde bei milder Hitze kochen lassen.
Den Reis zeitgleich aufsetzen.
Die Wokpfanne abschmecken, bis der gewünschte Schärfegrad erreicht ist. In asiatischen Lackschüsseln servieren und dazu Rilke lesen oder fünf verschiedene hochklassige Rotweine aus dem Rioja und Montepulciano verkosten.

Lieber Jürgen!
Kartoffelfleischroulade

Ich hab mir über unser gestriges Telefonat noch ein paar Gedanken gemacht. Du weißt schon, wegen deiner anvisierten Ayurveda-Kur.

Seit Tausenden von Jahren sind diese Fastenkuren berühmt. In allen Religionen und Sekten wird dieser selbstzerstörerische Akt der Mangelernährung als Weg zur Erkenntnis angepriesen. Hungerphantasien lassen uns alle möglichen Höllen (Anzahl je nach Religion verschieden) als wahrscheinlich erscheinen. Nicht zuletzt führen sie uns die Teufel in allen nur denkbaren grauenhaften wie fürchterlichen Erscheinungsformen vor Augen. Diese haben unbestritten einen großen gesellschaftlichen Wert: Denn hungrige Menschen kämpfen besser, arbeiten mehr und sind auch sonst mit der berühmten Möhre vor der Nase gut lenkbar. Satte Menschen hingegen sind weder für politische, religiöse oder gar wirtschaftliche Ausbeutung zu haben. Sie genügen sich selbst und brauchen keine Wallfahrten oder Kriege, ja nicht einmal Überstunden. Sie begehen weniger Eifersuchtsmorde und neigen auch nicht zu Amoklauf oder terroristischen Aktivitäten. Im Gegenteil, es kann mit gutem Gewissen empfohlen werden, über die Schmerzgrenze zu gehen – so wie ein alter Bauer einmal behauptet hat: »Man muss so viel essen, dass es weh tut, dann ist's nach zwei Stunden richtig gut!« Dieser Mann hat den Brückenschlag zwischen Schopenhauers leidfreiem Sein und dem Nirwana der Buddhisten einfach und präzise ausgedrückt. Wenn nämlich die gesamte Energie des Körpers mit Verdauung beschäftigt ist, bleibt keine Energie mehr für gemeine Gedanken – im doppelten Sinn des Wortes. Es kommt zu keinen Sehnsüchten, Wünschen oder gar Neidvorstellungen, die uns doch alle nur wieder Arbeit machen – nein, es ist das herrliche Gefühl, zwischen Himmel und Erde zu sein; ein idealer Luftballon in einer 37 °C warmen Umgebung, ohne Rechnungen und Arbeitszeiterfassungssystem. Ein in der viel zitierten Überflussgesellschaft jederzeit verfügbarer Samadhi-Tank. Eine Kleinigkeit ist jedoch erforderlich: die Kartoffelfleischroulade.

Kartoffeln kochen, schälen, zerdrücken und mit dem Mehl, 2 Eiern, einem EL Grieß, 50 g Pflanzenfett und etwas Salz zu einem Teig kneten. Den Teig fingerdick auswalken. Mit dem blanchierten Spinat oder Mangold belegen und salzen. Mit gehacktem Knoblauch und geriebenem Parmesan bestreuen.

Brötchen in warmer Milch einweichen und anschließend gut ausgedrückt zum Hackfleisch geben. Fein gehackte Zwiebeln und Knoblauch zusammen mit den Eiern zu der Fleischmasse geben. Mit den Gewürzen kräftig abschmecken und gut durchmischen. Die Fleischfüllung auf den Teigboden geben, dann zusammenrollen und mit Ei bestreichen. In eine gut gefettete Pfanne ein wenig Wasser geben, damit es nicht anbrennt, bei 180 °C im Backofen und 40 Minuten fertig backen.

Für die Steinpilzsauce die Zwiebeln in der Butter glasig dünsten. Die grob zerkleinerten Pilze hinzufügen, würzen und nach etwa einer Minute die Sahne angießen. Den Sauerrahm mit dem Mehl gut verrühren und gemeinsam kurz aufkochen. Vor dem Servieren mit Petersilie und Limettensaft abschmecken.

Dazu gehört ein einfacher grüner Salat.

Für die Roulade

750 g Kartoffeln

200 g Mehl

2 Eier

1 EL Grieß

50 g Pflanzenfett

Salz

50 g geriebener Parmesan oder Pecorino

500 g Tiefkühlspinat, ganze Blätter, oder Mangold (Wenn's sein muss, kann das Gemüse auch frisch sein!)

600 g Hackfleisch

2 Eier

2 eingeweichte Brötchen

2 Zwiebeln

4 Knoblauchzehen

Oregano oder
Majoran

Salz, Pfeffer

1 TL milder Paprika

Haferflocken und
geriebenes Weiß-
brot (zum Festigen
der Fleischfüllung)

*Für die Steinpilz-
sauce*
400 g Steinpilze,
frische oder 50 g
getrocknete

70 g Butter

100 g Zwiebeln,
fein gehackt

250 ml Sauerrahm

125 ml Sahne

1 EL Mehl

reichlich fein
gehackte Petersilie

Saft von einer
Limette

Salz, Pfeffer

Übrigens, um noch mal auf deine Ayurveda-Kur zurückzukommen. Ich finde 3000 Euro pro Woche doch einen stolzen Preis für geklärte Butter und Tee. Dein Klaus

Das zweite Mahl
Polentatorte

Wodurch unterscheidet sich der normale Esser von uns?
Zunächst gar nicht. In der Öffentlichkeit essen wir genauso mit Messer und
Gabel und verwenden eine Serviette. Wir schlingen selten und spucken keine
Olivenkerne auf den Tisch. Wohlmeinende Mitmenschen stellen lautstark fest,
dass sie mindestens genauso viel essen wie wir, aber eben schlecht verwerten.
»Der eine isst wenig und wird dick. Der andere frisst viel und bleibt schlank.«
Wir hören das gerne und denken an all die kleinen Vor-Speisen, die wir in den
letzten Stunden zu uns genommen haben. Nachdem wir uns die zweite Portion geholt haben, wechselt der erwähnte Mitmensch das Thema und die be-
mühte Konversation über gute und schlechte Futterverwerter ist zu Ende.
Diese zweite Portion ist der wahre Genuss. Beim ersten Teller muss sich der
arme Körper auf die Speisentemperatur einstellen, die groben Geschmacksrichtungen erschmecken, und da kein Bissen wie der andere ist, erlebt der
Gaumen Überraschungen am laufenden Band. Auch das passende Getränk
muss gefunden und im richtigen Abstand genossen werden. Es ist ein Unterschied, ob man nach jedem dritten Bissen einen Schluck Wein nimmt oder
nach jedem sechsten. Dieses Erschmecken der verschiedenen Eindrücke ver-
braucht die gesamte erste Portion. Endlich ist damit auch der bohrende Hunger bekämpft. Das Stadium der Vorsättigung beruhigt und macht den Esser
frei für den Genuss. Wir haben den richtigen Rhythmus im Einsatz der er-
probten Genusssteigerungsmittel und können uns nun ganz den eigentlichen
Essfreuden widmen. Das Köstliche noch einmal kosten und noch einmal und
noch einmal. Leider liegt es in der Natur der Speisen, dass sie sich z. B. mit ab-
nehmender Temperatur (bei Speiseeis ist dies umgekehrt) ungünstig im Geschmack verändern. Aber Ausnahmen ermöglichen uns bei bestimmten Gerich-
ten auch eine dritte und vierte Portion: Die Polentatorte kann in jedem
Temperaturzustand genossen werden und verändert kaum ihre geschmackli-
chen Qualitäten – egal, ob heiß, warm, lauwarm, angewärmt, eher kühl oder kalt.

Polenta in 3 l sprudelnd kochende Gemüsebrühe einrühren und unter ständigem Rühren so lange köcheln lassen, bis sie weich und breiig ist. Mit Salz, Pfeffer und etwas Muskat abschmecken. Eine Tortenform mit Butter ausreiben und eine ca. 3 cm dicke Polentaschicht mit Schimmelkäse bedecken. Darauf wieder eine 3 cm dicke Schicht Polenta, abermals mit Schimmelkäse bedecken. So lange weitermachen, bis alle Zutaten aufgebraucht sind oder die Form voll ist. Auf die letzte Polentaschicht Parmesan oder Pecorino streuen. Die schöne Torte in den Backofen schieben und mindestens 15 Minuten bei ca. 180 °C backen, bis der Parmesan schön knusprig ist. Dann erkalten lassen oder gleich fressen.

1 kg feinen Polentagrieß (Maisgrieß)

500 g Dolcelatte, Roquefort oder Gorgonzola (je nach Verfügbarkeit)

200 g Parmesan

4 Würfel Gemüsebrühe oder mehr

100 g Butter

Salz, Pfeffer

Muskat

Aberglauben
Wildschweinragout mit Pflaumen

Erlegten unsere Vorfahren einen Bären, so wurde dieser gegessen. Aber nicht, weil der alte Bär so zart und gut war, sondern ausschließlich aus Glaubensgründen. Die Kraft des Bären geht auf uns über. Seine Intelligenz wird zu unserer. Seine Fähigkeiten des Spurenlesens, des Schafereißens und natürlich auch seine Lendenkraft gehen auf uns über. Nach dem Essen doppelt so gut Spuren lesen, doppelt so gut Schafe reißen, doppelt so gut usw.

In den Fitnessstudios werden die Protein-Anabolika-Coffein-Taurin-Präparate praktisch nie aus Genussgründen geschluckt, sondern immer aus Glaubensgründen. Die Kraft des Trainers geht auf mich über, seine Intelligenz wird zu meiner. Seine Fähigkeiten des Hantelhebens, des Laufbandlaufens und natürlich auch seine Sprüche über die Lendenkraft gehen auf mich über. Nach dem Schlucken doppelt so viele Hanteln heben, doppelt so schön Laufbandlaufen, doppelt so viele Sprüche klopfen usw. …

Wer aber nicht am Spurenlesen interessiert ist und auch keine Hanteln über das Laufband schleppen will, dem wird das Wildschweinragout empfohlen. Es wachsen garantiert keine Borsten, man kann auch weiterhin an jeder Schlammpfütze vorbeigehen, ohne dass man sich darin wälzen will, dafür ist man aber um einen unvergesslichen Genuss reicher.

Traditionell essen wir das Wildschweinragout zu Weihnachten, denn Pflaumen, Zimt, Orangeat, Rosinen und Nelken sind natürlich Aromen, die sehr gut in diese Zeit passen. Meistens lege ich das Wildschwein nicht nur über Nacht, sondern einige Tage vorher in die Marinade und lasse es im Kühlschrank gut durchziehen, es sollte dann jedoch gänzlich mit Rotwein bedeckt sein. Es passen sowohl Kartoffel- als auch Semmelklöße dazu, auch Bandnudeln oder selbst gemachte Spätzle steigern noch den Genuss. Beim Abschmecken sollte man recht vorsichtig mit dem Orangeat umgehen, beim ersten Mal hatte ich davon zu viel beigegeben und die Sauce wurde zu süßlich. Bei Tisch und vor den Gästen kann man wunderbar angeben, indem man den italienischen Namen für das Gericht verwendet, der sehr schön klingt und die Vorfreude auf etwas Besonderes steigert: Cinghiale in agrodolce!

Für die Marinade: 500 ml Rotwein mit 125 ml Rotweinessig in einem Topf aufkochen.
1 Zwiebel, 1 Möhre und 1 Stange Staudensellerie putzen und grob zerteilen, mit allen angegebenen Gewürzen in den Topf geben. 5 Minuten im geschlossenen Topf kräftig köcheln, dann abkühlen lassen.
Das Wildschweinfleisch in 3 cm große Würfel schneiden und in eine Schüssel geben. Mit der kalten Marinade begießen, zugedeckt über Nacht im Kühlschrank durchziehen lassen.
Fleischwürfel aus der Marinade nehmen, mit Küchenkrepp abtrocknen. Marinade durch ein feines Sieb gießen und bereitstellen.
In einem Schmortopf 5 EL Olivenöl erhitzen. Fleisch portionsweise hineingeben und bei mittle-

750 g Wildschwein (aus der Keule)

100 g getrocknete, entsteinte Pflaumen

30 g Orangeat

30 g Rosinen

eventuell 2 EL Pinienkerne

1 TL frischer Rosmarin (oder ½ TL getrockneter)

1 große Zwiebel

5 EL Olivenöl

2 EL Butter

Salz, Pfeffer aus der Mühle

Für die Marinade
500 ml kräftiger Rotwein

125 ml milder Rotweinessig

1 Zwiebel

1 Möhre

1 Stange Stauden-
sellerie

1 Lorbeerblatt

1 TL getrockneter
Thymian

½ TL Pfefferkörner

2 Gewürznelken

1 TL Zucker

¼ TL Salz

rer Hitze rundum anbräunen. Salzen und pfeffern, die Hälfte der Marinade angießen und das Fleisch im geschlossenen Topf 30 Minuten schmoren.

Getrocknete Pflaumen in der restlichen Marinade einweichen. Die Rosinen nur in Wasser einweichen.

Nach etwa 1 Stunde Schmorzeit 30 g Orangeat in winzige Würfelchen schneiden.

Pflaumen und Rosinen abtropfen lassen, dabei die Marinade wieder auffangen. Pflaumen in feine Streifen schneiden. 1 Zwiebel und 1 TL Rosmarin fein hacken.

In einer Pfanne 2 EL Butter zerlassen. Zwiebel glasig dünsten. Dann Pflaumen, Orangeat, Rosinen und Rosmarin einrühren. Alles gründlich mischen, mit frisch gemahlenem Pfeffer würzen. Aufgefangene Marinade angießen, einige Minuten kräftig köcheln lassen.

Die Früchtemischung zum Wildschweinragout geben, weitere 10 Minuten gar schmoren. Sobald das Fleisch weich und mürbe ist, die Sauce mit Salz und Pfeffer abschmecken. Eventuell mit 2 EL Pinienkernen bestreuen und sehr heiß servieren.

Im Tempel
Kalbsröllchen (kommentarlos)

Manchmal erwischt es auch die polyphagen Qualitätsverächter. Wir bekommen eine Speisekarte in die Hand gedrückt, die sich anfühlt wie ein Hochzeitskleid. Mit feiner Tinte in alter Schrift geschrieben, lesen wir: »Gedämpfte Kiemen vom Hochgebirgssaibling auf Papayaspiegel an getrüffelte Löwenzahnblättern in 100-jährigem Bordeauxessig«.
Solche und ähnliche Beschreibungen lösen bei uns normalerweise Fluchtbewegungen aus. Die Rückzugsgebiete heißen dann in der gewählten Reihenfolge: Dönerstand, Currywurstbude und, wenn's kalte Buletten mit Senf gibt: Kiepenkerl, Gläsernes Eck, Elfis Imbiss, Gasthaus Stibernitz, …
Doch mit einem Schlag sind diese Phantasien von einer besseren Welt wie weggeblasen, denn auf der zweiten Seite der Karte stehen die Kalbsröllchen.

4 dünne Kalbs-
schnitzel

2 kleine Brat-
würstchen

2 Hühnerlebern

50 g durch-
wachsener Speck in
dünnen Streifen
(Dänischer Früh-
stücksbacon eignet
sich gut.)

1 Bund Petersilie

8–10 frische Salbei-
blättchen

2 EL frisch ge-
riebener Parmesan

2 Eigelb

50 g Butter

125 ml Weißwein

125 ml Fleischbrühe

2 Knoblauchzehen

Mehl zum
Bestäuben

Salz, Pfeffer
aus der Mühle

Schnitzel sehr dünn klopfen. Bratwürstchen ent-
häuten, das Brät in eine Schüssel geben.
Für die Füllung:
Die Hühnerlebern fein hacken. 2 Knoblauchzehen
abziehen und durchpressen, Petersilie fein hacken.
Alles zum Brät geben, 2 EL Parmesan und 2 Eigelb
hinzufügen. Gründlich mischen und aus der Mühle pfeffern.
Paste gleichmäßig auf die Schnitzel streichen und
aufrollen. Mit jeweils einem Salbeiblatt belegen,
mit Speckstreifen umwickeln und mit einem
Spießchen feststecken.
Rouladen dünn mit Mehl bestäuben. In einer Pfanne 50 g Butter erhitzen. Fleischröllchen darin unter Wenden goldbraun braten. Salzen und mit
125 ml Wein ablöschen. Den Wein etwa bis zur
Hälfte eindampfen lassen.
125 ml Brühe zugießen. Im geschlossenen Topf
bei schwacher Hitze 20 Minuten schmoren. Nach
10 Minuten jedes Röllchen mit einem weiteren
Salbeiblatt belegen (oder einige Salbeiblätter in
die Sauce geben).
Die Röllchen herausnehmen und warm stellen.
Die Sauce nochmals kräftig durchköcheln, abschmecken und zum Fleisch servieren.

Dazu passt sehr gut ein trockener, voller Weißwein, z. B. ein Riesling.

Vollmond
Ravioli

Immer wieder stehen wir vor dieser Entscheidung! Immer wieder ergreift uns diese tiefe Ratlosigkeit: Was kochen wir heute????

Lustlos wird die Kühlschranktür geöffnet, um nachzusehen, ob dort die Lösung vor uns liegt. Im Gemüsefach verkümmern zwei Möhren, die ihre Altersflecken nicht mehr verstecken können und uns zurufen: »Bring uns ins Pflegeheim oder iss uns auf. Hab Mitleid mit uns!« Der Joghurt, der angebrochene, fühlte sich zu einsam und hat sich eine Schimmelpilzkultur geschaffen. Die letzten Scheiben vom Parmaschinken krümmen sich vor Kälte, sie sind ein anderes Klima gewohnt. Das vergessene Stück Käse ist so schlechter Laune, dass es nur noch vor sich hin stinkt. Die Trostlosigkeit des Kühlschranks wirkt wie ein Mietshaus in einem Pariser Vorort an einem Novembertag. Nur Miles Davis fehlt noch, der uns eine Blue Note über die halb ausgedrückte Tomatenmarktube improvisiert. Nur nichts wie weg hier! Schnell verlassen wir diese Wüste der Überreste. Nun sind wir jedoch noch ratloser.

Was könnte unsere Inspiration beleben? So schlendern wir zum Regal mit der Literatur, die uns am meisten beschäftigt: zu den Kochbüchern. Doch wir trauen uns nicht eins aufzuschlagen, denn es quält uns die Gewissheit, dass uns die Entscheidung nicht leicht gemacht wird. Habe ich endlich etwas gefunden, das meine Wünsche befriedigt, dann habe ich mich gleichzeitig gegen hundert andere entschieden, die mindestens ebenso köstlich sind und die ich NICHT kochen werde.

Eine feine Pasta mit Salbeibutter oder Nudeln mit einem Kalbfleischragout? Ein Rinderbraten in Rotwein oder einfach nur ein paar Frikadellen? Ein mariniertes gegrilltes Hähnchen oder eine raffinierte Maroni-Apfel-Fleisch-Pastete? Doch der moderne Mensch ist entscheidungsschwach. Hamlets Geist schwebt über uns wie eine Krankheit, rückenmarkschwindsüchtig! Gibt es denn keine Erlösung? Blinkt da nicht ein kleines Licht am Ende des Tunnels? Keine Leuchtschrift, die uns den Weg Richtung EXIT weist! Ich möchte alles gleichzeitig haben, aber nicht alles gleichzeitig kochen müssen.

Aus den Tiefen des unendlichen Weltalls, wo der Sitz des Allwissens beheimatet ist, schenkt uns ein barmherziges Universum selten, doch immer wieder ein Millionstel an Weisheit. »... und das Wort heißt: Füllung!« Jawohl, die Füllung ist die Erfüllung der Gleichzeitigkeit, des harmonischen, wenn nicht gar des polyphonen Genusses. Nudeln, gefüllt mit einer Gemüse-Kalbfleischfüllung UND Salbeibutter. Nicht nur Huhn, nein, gefüllt mit einer Apfel-Maroni-Fleischfüllung, nicht nur Rinderbraten, sondern gefüllte Rindsrouladen. Das ist die Lösung, die Erlösung: Ravioli alla genovese.

Eine Anmerkung: Dieses Rezept ist extrem aufwendig und arbeitsintensiv. Zudem ist es für Anfänger in der Pastazubereitung recht schwierig. Aber die Liebe und die Arbeit, die man investieren muss, bekommt man hundertfach, sozusagen konzentriert, zurück. Die Küche wird hinterher einem Schlachtfeld ähneln. Daher wird geraten, die Ravioli, die man so in keinem Restaurant bestellen kann, nur zu besonderen Anlässen herzustellen. Empfohlen seien einige Gerätschaften, die sich in der Praxis als sehr nützlich herausgestellt haben: Das Teigrädchen hilft, den Teig in schöne Bahnen zu zerteilen. Mit einem Messer ungleich schwieriger, da der Teig daran gern hängen bleibt. Schwierig ist es auch, den Teig gleichmäßig schön dünn auszurollen. Hier hilft uns die Pastamaschine. Wer öfters Pasta frisch herstellen will, sollte sich unbedingt eine kaufen. Es gibt verschiedene Aufsätze für Bandnudeln, Spaghetti und, und, und … Allerdings nicht zu empfehlen ist der Ravioli-Aufsatz, er ist sehr unpraktisch. (Daraus entsteht meistens nur ein Teig-Füllung-Gemisch und die ganze Arbeit war umsonst.) Grundvoraussetzung ist allerdings ein Backbrett zum Ausrollen des Teiges.

Für den Teig 300 g Mehl, 100 g Semola und 4 Eier in eine Rührschüssel oder in eine Küchenmaschine geben, salzen und mit Knethaken gut durchkneten. Der Teig sollte glatt und elastisch sein. Eine Kugel formen und mit einem feuchten Tuch bedeckt ruhen lassen.

Die Mangoldblätter waschen und in kochendem Salzwasser etwa 3 Minuten blanchieren. Kalt abbrausen und abtropfen lassen, gut ausdrücken

Für den Teig
300 g Mehl und etwas Mehl zum Ausrollen

100 g Semola di grano duro (ital. Hartweizenmehl)

4 Eier

Salz

Für die Füllung
300 g Hackfleisch vom Kalb

100 g Kalbsbrät

200 g Mangoldblätter ohne Stiele

150 g Petersilie

150 g Basilikum

3 EL frisch geriebener Parmesan

100 ml Kalbsfond

2 Eier

1 Brötchen vom Vortag

1 Knoblauchzehe

1½ TL getrockneter
Majoran

Salz, Pfeffer aus der
Mühle

Zum Servieren
1 TL frische Salbei-
blättchen

50 g zerlassene
Butter

50 g frisch ge-
riebener Parmesan

und fein hacken. Die klein gehackte Petersilie und das Basilikum zum Mangold in eine Schüssel geben.

Die harte Rinde von einem Brötchen rundum zu Brösel abreiben. Die zurückbleibende weiße Krume in 100 ml Kalbsfond einweichen.

Kalbsbrät und Hackfleisch zum Gemüse in die Schüssel geben. 2 Eier, abgeriebene Semmelbrösel, ausgedrückte Brotkrume und 3 EL Parmesan mit einem Holzlöffel gründlich durchmischen. Mit 1½ TL Majoran, Salz und Pfeffer kräftig würzen und die zerdrückte Knoblauchzehe beigeben.

Die Teigkugel halbieren, beide Stücke auf einer leicht mit Mehl bestäubten Fläche von Hand oder mit der Pastamaschine dünn ausrollen (2 mm). Mit einem Teigrädchen 5 cm breite Streifen schneiden. Auf der Hälfte der Streifen im Abstand von etwa 3 cm mit einem Teelöffel kleine Portionen der Füllung verteilen. Die übrigen Teigstreifen vorsichtig darüber legen und Ravioli ausschneiden. Die Ränder leicht andrücken. (Ohne Raviolimaschine! Hilfreich jedoch: Der Ravioli Chef von Raviolamp. Siehe Foto.)

3 l Salzwasser aufkochen. Ravioli in das sprudelnde Wasser geben. Nach dem Aufwallen 3–4 Minuten ziehen lassen. 50 g Butter zerlassen, 1 TL frische Salbeiblättchen einrühren. Ravioli gut abtropfen lassen, mit Salbeibutter beträufeln und mit 50 g Parmesan bestreuen.

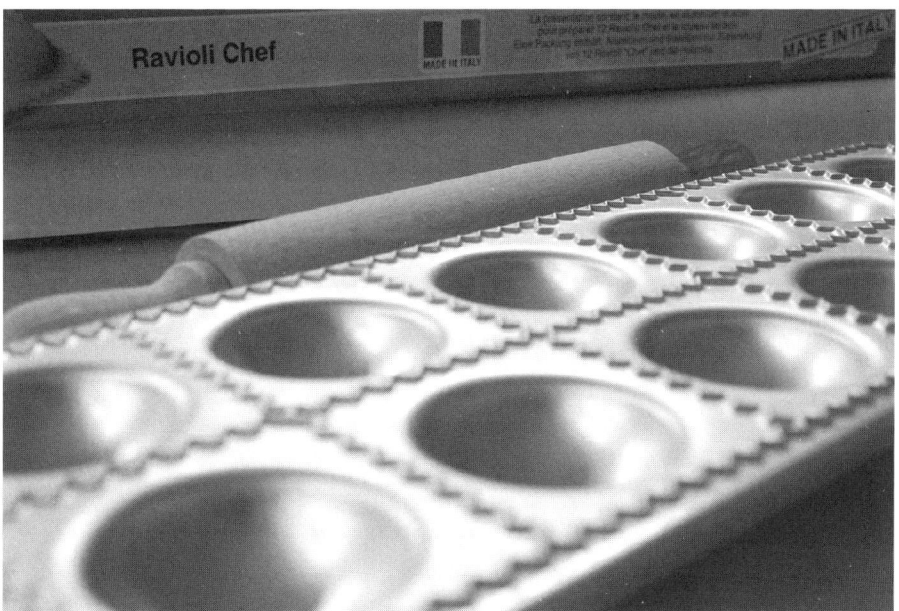

Erinnerung
Frühkrautpalatschinken

Alles, was wir sind, ist Erinnerung. Aus der Erinnerung schöpfen wir unsere Weltsicht. Sie ist gewissermaßen die Mutter aller Vergleiche, aller Superlative, aller Beziehungen und Bezüge. Gewissen und Moral – alles baut auf die Erinnerung. »Mayonnaise und Himbeeren passen nicht zusammen.« Ohne Erinnerung würden wir uns täglich von neuem die Mayonnaise auf die Himbeeren streichen.

Wichtig ist die Erinnerung auch für Diätliebhaber, die gerne Jo-Jo spielen und ihre masochistische Veranlagung unter dem Vorwand des Abspeckens ausleben. Da werden köstliche Lebensmittel für Diäten aller Art missbraucht. Das Diätopfer zwingt sich, oder wird gezwungen, seine Liebe zu frischen Semmeln oder herrlichem Weißkohl für immer zu verlieren. Leider eignet sich Kraut hervorragend für Diäten aller Art. Es ist sättigend, elektrolytreich, fettfrei, kalorienarm, ballaststoffreich, basisch und es schmeckt. Also werden hunderttausende Genießer gezwungen, wochenlang Weißkohlsuppen zu essen, bis sie nie wieder Kraut sehen können. Aber es gibt einen Weg zurück: Frühkrautpalatschinken. Die in frischer Butter herausgebackenen zarten Pfannkuchen sind der ideale Verband für die grauenhaften Verletzungen des Gaumens und umhüllen das zarte Frühkraut wie ein Kaschmirschal unseren ausgetrockneten, von Kräutertees misshandelten Hals.

Die Pfannkuchen wie gewohnt zubereiten (siehe »Eurostar«).
Weißkohl, Zwiebeln, Schinken und Wurst fein nudelig schneiden und alles in Weißwein weich dünsten. Leicht abkühlen lassen und mit den Gewürzen, dem Knoblauch und dem Sauerrahm vermischen.
Die Pfannkuchen damit füllen, in eine gut gefettete feuerfeste Form legen, mit der verrührten Mischung aus Eiern und Crème fraîche übergießen und mit dem geriebenen Käse bestreuen.
Die ganze Köstlichkeit 20 Minuten bei 200 °C im Ofen überbacken.

1 Kopf junger Weißkohl

100 g geräucherte Wurst

100 g Schinken (ideal Wacholderschinken)

100 ml Sauerrahm

2 kleinere Zwiebeln

4 Knoblauchzehen

1 Glas Weißwein

Salz, Pfeffer

Kümmel

4 Eier

200 ml Crème fraîche

70 g Emmentaler Käse

West-östlicher Diwan
Entencurry

Wie gern würden wir dem Abendland entfliehen – ins Land der aufgehenden Sonne! Keine Dämonen, keine zwei Seelen, die, ach, in unserer Brust leben, sondern Ying und Yang, Futoschin, jene stoische Apathie und heitere Gelassenheit. Das Gesicht eine lächelnde Maske!

Einmal mit einem buddhistischen Mönch den Wald fegen. Siddhartha. Die Überlegenheit der östlichen Weisheit spüren, die sich nicht seit dem Neolithikum mit der Herstellung einer brauchbaren Axt beschäftigt, sondern Körper UND Geist so zentriert, dass wir mit der bloßen Hand Holz spalten können. Karaté!

Die ästhetisch-vollkommene japanische Wohnkultur! Nach einer traditionellen, durchgeknieten Teezeremonie, ohne das Gesicht zu verlieren, wieder auf den eigenen Beinen stehen. Nô-Theater. Marco Polo sein, auf Entdeckungsreise zu den Gewürzen und Kräutern des Fernen Ostens. Wir wünschen uns das ewige Leben im Ginseng, die Geschmeidigkeit der begnadeten Körper und die Losgelöstheit durch Zen in der Kunst des Teezubereitens.

Wem das alles zu schwierig und viel zu weit weg erscheint, der kauft sich einen Wok und macht: Entencurry!

Dieses Gericht sieht komplizierter aus, als es ist. Lediglich die Zutaten zu bekommen, macht etwas Mühe. Sie sind aber in jedem gut sortierten Asia-shop erhältlich. Wenn man dann alles vorbereitet hat und das Fleisch mariniert ist, geht alles recht schnell. Am besten legt man das Fleisch bereits am Vorabend ein und lässt es über Nacht im Kühl-schrank.

Es ist als Gastmahl hervorragend geeignet, da es ein sehr verblüffendes und unbekanntes Aroma hat und Freunde und Bekannte tief beeindruckt.

Tipp: Keine Angst vor den Fischsaucen! Sie hören sich ungewöhnlich an, doch der leicht pikante, vergorene Fischgeschmack passt hervorragend zur Ente. Allein bei den Kaffirblättern ist beim Abschmecken etwas Vorsicht geboten. Ihr inten-sives Aroma, das an eine Mischung aus Zitrone und Estragon erinnert, kann sehr schnell alles überdecken!

Außerordentlich wichtig ist die Panang-Currypas-te! Sie hat mit dem uns bekannten Currypulver nichts zu tun. Hergestellt in Thailand, verleiht die rote, höllisch scharfe Paste dem Entencurry die nötige Schärfe, die durch die Kokosmilch jedoch etwas abgemildert wird.

Ausnahmsweise muss entfettet werden, um den etwas angebrannten Knoblauch aus dem Wok zu entfernen.

Die Entenbrust kalt abbrausen und abtrocknen. Die Fettschicht mehrmals diagonal einschneiden, dabei jedoch nicht in das Fleisch schneiden. Soja- und Austernsauce verrühren, den Knoblauch schälen, pressen und dazugeben. Die Filets über Nacht oder für etwa 5 Stunden im Kühlschrank marinieren.

2 Entenbrustfilets
(etwa 500 g)

Für die Marinade
3 EL süße Sojasauce

3 EL Austernsauce

2 Knoblauchzehen

70 ml Öl

10–12 Zitronen-blätter (Kaffirblätter)

400 ml Kokosmilch

4–5 TL Currypaste
(Panang-Curry)

5 EL Fischsauce

Das Öl im Wok erhitzen und die Entenbrustfilets von beiden Seiten anbraten, dabei immer mit der Hautseite beginnen. Insgesamt die Entenbrust etwa 6 Minuten bei nicht zu starker Hitze braten, sodass sie noch blutig ist. Anschließend herausnehmen, kurz ruhen lassen, dann die Filets in dünne Scheiben schneiden.

Aus den Zitronenblättern die Stengel herausschneiden, die Blätter zusammenrollen und in sehr feine Streifen schneiden.

Die Kokosmilch mit der Currypaste und der Fischsauce verrühren.

Das Öl aus dem Wok abgießen (ENTFETTEN!). Die Kokosmischung unter Rühren etwa 2 Minuten aufkochen. Die Entenbrustscheiben hineingeben. Alles noch etwa eine halbe Minute erhitzen. Das Curry mit den Zitronenblättern bestreut servieren.

Dazu aromatischen Duftreis servieren.

The Original New Year Richman's Soup
Linseneintopf

1. Januar, 16:23 Uhr: Die gespielte Heiterkeit vom Silvesterabend ist einer hauchdünnen Verzweiflichkeit gewichen, welche, die Endlichkeit allen Seins vorschützend, die erste Zigarette gemeinsam mit dem letzten Rest an Selbstachtung im Aschenbecher des Neujahrstages ausdrückt. In diese frostige Stille und die leichte Übelkeit des erzwungenen Allesgutegewünsches wird die »New Year Richman's Soup« serviert und verheißt allen Essern Glück und für jede gegessene Linse 10.000 Euro im neuen Jahr …

1 Brathuhn oder
Poularde

4 Möhren

½ Sellerieknolle

200 g braune
Linsen

200 g rote Linsen

etliche Peperoncinis

4 Stangen Stauden-
sellerie

1 Stange Lauch

5 Knoblauchzehen

4 Kartoffeln

2 Flaschen
bester trockener
Weißwein

4 Zwiebeln

2 Nelken

2 Lorbeerblätter

Salz, Pfeffer

In Italien gibt es den charmanten Aberglauben, dass die erste Speise, die man am Neujahrstag isst, ein Linsengericht sein sollte. Denn die Linsen stehen für Reichtum, der noch kommen oder bewahrt bleiben soll, hält man sich nur an diese Regel. Mit diesem uralten Wissen im Hinterkopf haben wir die Richman's Soup am 1. Jänner 2002 für uns und unsere Familien gekocht. Ganze 10 l, damit der Aberglaube auch wirkt.

Wer keinen Schnellkochtopf hat, sollte die Linsen am Vorabend in Wasser oder noch besser in Weißwein einweichen. Also die Linsen in eine Schüssel füllen und mit ausreichend Wasser bedecken. Mit dem Schnellkochtopf entfällt diese Prozedur.
Grundlage für diese Suppe ist eine kräftige Hühnerbrühe, die wir selbst herstellen:
Das Huhn in vier Teile tranchieren und kräftig salzen. In einem großen Topf einige EL Olivenöl erhitzen, worin die Huhnstücke von allen Seiten scharf angebraten werden. Wenn sie eine schöne Farbe angenommen haben, Topf vom Feuer nehmen und das Huhn herausnehmen. Das Gemüse sollte nun geputzt und grob geschnitten bereitliegen: Sellerie (von der Knolle und der Staude), Zwiebeln, Möhren, Kartoffeln werden in den mit dem Bratenfond vom Huhn benetzten Topf gegeben und unter Rühren angebraten. Das Gemüse bekommt eine gute Farbe, da es den Hühnerfond aufnimmt. Dann mit 250 ml Weißwein (Merke: Kochwein ist immer auch Trinkwein! Ergo: Nur guter Wein macht das Essen fein.) ablöschen und eindampfen lassen, wobei wir zum Wein jetzt auch den Knoblauch, die Peperoncinis, die Nelken und den Lorbeer hinzugeben. Wenn die Flüssigkeit verdampft ist, den restlichen Wein angießen, even-

tuell noch Wasser zugeben, bis ungefähr 2½ l im Topf sind. Das Huhn wieder hineinlegen und zum Kochen bringen. Etwa eine halbe Stunde zugedeckt köcheln lassen. Jetzt kommen die eingeweichten Linsen hinzu und werden noch 15 Minuten mitgegart. Danach erst kräftig salzen und pfeffern. Abschmecken! Das Huhn wird vor dem Servieren herausgenommen und entbeint. Das weiße Fleisch geben wir in die Suppe zurück. Allerbester Balsamicoessig wird erst zu Tisch gereicht, womit jeder die Suppe nach persönlichem Belieben noch verfeinert.

Dazu warmes Baguette und den Wein, mit dem wir auch gekocht haben.

Olivenöl zum Anbraten

Balsamicoessig

Barolonockerln

Eine Milliarde Menschen hat noch nie in ihrem Leben telefoniert. 24.000 Menschen verhungern täglich. Tausende Menschen sterben an banalen Infektionskrankheiten, weil sie sich die billigsten Antibiotika nicht leisten können. Von der Rechnung für ein einziges Abendessen mit Weinbegleitung in einem Vier-Sterne-Restaurant muss in vielen Teilen der Welt eine fünfköpfige Familie ein ganzes Jahr lang leben. Es ist zynisch, angesichts solcher grauenhafter Tatsachen ein Buch zu schreiben mit dem Titel »richtig fressen«. Es ist genauso Ekel erregend, vor meterhohen Regalen voll Diätratgebern zu stehen, in welchen versucht wird, mit dem schlechten Gewissen Geld zu machen. Es ist durch nichts zu rechtfertigen.

Milch, Salz und Grieß unter ständigem Rühren aufkochen lassen, bis ein Brei entsteht. Das Ei trennen, den Dotter unterrühren und die Rosinen dazugeben. Dann die Masse etwas abkühlen lassen. Nun aus der lauwarmen Masse auf einem Brett von Hand ca. 10 cm lange, in der Mitte dicke, an beiden Enden spitz zulaufende Nudeln formen.
Die Nudeln in heißem Butterschmalz von allen Seiten hellbraun anbraten und anschließend warm stellen.

Jetzt den Barolo mit den Nelken, dem Zucker und der Zimtstange aufkochen. 10 Minuten ziehen lassen und über die warm gestellten Nockerln gießen. Heiß servieren.

Dazu trinken wir einen Schianti von Aldi oder aus dem Tetrapack.

Für dieses Rezept danken wir besonders Frau Zöhrer aus Imst, sie hat uns die Augen geöffnet, dass auch etwas Gutes gut sein kann.

Für die Nockerln
100 g Weizengrieß

500 ml Milch

1 Ei

Prise Salz

1 gehäufter EL Rosinen

Butterschmalz in ausreichender Menge

Für den Sud
1 Flasche Barolo 1997 von Angelo Gaja

4 EL Zucker

5 Nelken

1 Zimtstange

Geburtstagsspießer
Lammsaté

Einmal richtig feiern. So wie die Großen. So wie die richtig Tollen, die es wirklich geschafft haben: Der Überziehungskredit ist für besondere Anschaffungen da, so steht's zumindest auf dem Bankauszug. Dazu noch die vorweihnachtliche Sonderzahlung, das ist praktisch geschenktes Geld. Also die angeheiratete Geldgeberin überzeugen, dass wir nur einen Wunsch haben, nämlich zum 40. Geburtstag einen 40-jährigen Bordeaux, eben einen Bordeaux, der in unserem Geburtsjahr gekeltert ist. Bei den Dürrenmatts zu Hause bekam jeder Gast seinen Geburtsjahrgang serviert. Da wird's bei uns doch wenigstens einmal im Leben möglich sein. Aus reiner Resignation gibt die Geldgeberin ihre »Sinnloser teurer Schmarrn«-Position auf, rückt die Kreditkarte heraus und entlässt uns in die große Stadt. Doch ist es viel schwerer als angenommen. Von Weinhändler zu Weinhändler. Alles umsonst. Trotz intensiver Bemühungen kann keine derartige Flasche besorgt werden. Endlich gibt es einen seriösen Fachmann, der auch erklären kann, warum: Dieser Jahrgang gehört zu den schlechtesten des Jahrhunderts und wurde aufgrund seiner miesen Qualität teilweise nicht einmal in Flaschen abgefüllt.
Nach dieser ernüchternden Wahrheit ist mir klar geworden, dass wir nicht zu jenen Menschen gehören, die im Jahr 1990 oder 1988 geboren wurden. Selbst wenn wir jemals genug Geld hätten, so werden wir niemals mit einem lässigen »Man gönnt sich ja sonst nichts«-Sprüchlein großkotzig unseren Geburtsjahrgang süffeln – und das ist gut so. Denn wir haben die Zahl 40 auf eine ungleich bessere Art und Weise gewürdigt:
40 Lammsaté-Spieße!

Das Lamm in Scheiben schneiden.

Alle Zutaten der Marinade miteinander verrühren und die Fleischstücke dort hineinlegen und gut vermischen. Entweder bei Zimmertemperatur eine Stunde marinieren oder über Nacht im Kühlschrank.

Dann die Fleischstückchen auf Spießchen aufreihen, die Marinade dabei auffangen.

Die Marinade in einen Topf gießen und 3 Minuten gut durchkochen.

Die Spieße auf einem Weber-Outdoor-Chef-Gasgrill bei hoher Temperatur von jeder Seite 2 Minuten grillen. Es geht natürlich auch mit dem normalen Backofengrill. Warm stellen und kurz ruhen lassen, dann mit der Marinadensauce servieren.

750 g Lammrücken oder -filet

Für die Marinade

250 ml Ananassaft

2 EL japanische Sesampaste oder Erdnussbutter

2 EL helle Sojasauce

2 TL Chili-Bohnensauce

1 TL Fünf-Pfeffer-Mischung

2 EL Frühlingszwiebeln, gehackt

1 EL Knoblauch, gehackt

2 EL Salbei, getrocknet und zerstoßen

Vergiss es
Überbackene Schinkenfleckerl

»Es gibt doch immer noch einen letzten Versuch, oder? Lass es uns doch noch einmal versuchen! Und wenn ich in, sagen wir, in sechs Monaten zwölf Kilo abnehme? Ja, so was geht! Das ist kein Problem heutzutage, verstehst du? Das geht ganz leicht, eine kleine Kur, z. B. zwei Wochen. Dinner Cancelling kennst du doch, oder? Dinner Cancelling kennst du nicht? Na also! Das heißt: Einfach nach 15 Uhr nichts mehr essen, und schon nimmt man ab, ganz ohne Anstrengung. Man ist immer gut gelaunt, schläft gut und ist auch sonst nett wie immer. Ja, habe ich gesagt: nett wie immer! Wie? Was heißt, das habe ich schon probiert? Ja, probiert schon, aber eben nicht mit der Ernsthaftigkeit, mit der ich es jetzt betreibe. …?«
»Vergiss es.«
Wer als sensibler Mensch diese zwei Wörter hören muss, wer damit konfrontiert wird und erkennt, dass damit gemeint ist: Aussichtslos, endgültig, unwiederbringlich, für immer und ewig vorbei, keine Chance, nicht die Erbse einer Bohne, nicht das Schwarze unterm Fingernagel, nein, nein und nochmals nein, nie, nie, nie, nie wieder, und es wirklich kein Zurück mehr gibt, für den gibt es nur noch eine Rettung: Überbackene Schinkeneierteigwaren.

Die Eierteigwaren in Salzwasser weich kochen und im Gegensatz zu sonstigen Gepflogenheiten mit kaltem Wasser abschrecken. Das Mehl mit der Butter leicht bräunen und mit der Milch aufgießen (Béchamel). Die Butter mit dem Eigelb schaumig rühren, den Rahm und die Béchamel dazugeben. Mit Salz, Pfeffer und Muskatnuss abschmecken. Die Masse mit dem fein gehackten Schinken, der gepressten Knoblauchzehe und den Eierteigwaren mischen. Das zu Schnee geschlagene Eiweiß einrühren. Alles zusammen in eine gebutterte Form geben, glatt streichen und mit Parmesan und geriebenem Weißbrot bestreuen. Einige Butterflöckchen darüber geben und bei 180 °C 45 Minuten lang backen.

400 g Eierteigwaren, z. B. Bandnudeln (am besten eignen sich »Fleckerl«-Nudeln aus Österreich)

400 g fein gehackter geräucherter Schinken

2 EL Parmesan

Semmelbrösel

80 g Butter

80 g Mehl

500 ml Milch

120 g Butterflöckchen

6 Eier

500 ml saure Sahne

1 Knoblauchzehe

Salz, Pfeffer

Muskatnuss

Alles für euch …
Alpine Kohlsuppe

Ich habe seit Mittag nichts mehr gegessen und einfach keinen Hunger. Mozartkugeln? Eklig. Dönerstand? Geh ich nie wieder hin. Wo ist denn das Blutdruckmessgerät? Natürlich die Batterien leer. Das war ohnehin immer ungenau. Puls 1,2,3,4,5,6,7 … regelmäßig, aber der Appetit, wie weggeblasen. Das Kochbuch von Carluccio ist wunderschön fotografiert – wie eine Ansichtskarte von Venedig –, löst nichts mehr aus. Gut, es gibt Krisen, aber muss man deswegen gleich keinen Appetit mehr haben? Bewegung und frische Luft! Ich muss raus.

Hier im Einkaufszentrum hab ich mir immer was vormachen lassen. In Wahrheit fand ich die aufgetürmten, angeblichen Spezialitäten immer abstoßend. Die Feinkostecke – alles viel zu viel. Zu viel Käse, zu viel Wurst, zu viele Austern – so viel kann doch kein Mensch essen.
»Wollen Sie was spenden?« »Ja, gerne, wie viel? So viel ich möchte? Wo ist denn hier das Ärztehaus?« Dieser Gestank – Pommes im Einkaufszentrum und all die Kinder rundherum.
Was hat mir eigentlich richtig geschmeckt in meinem Leben? Nichts. Ich kann mich an nichts erinnern, das mir wirklich geschmeckt hätte, so richtig. Es war immer Überwindung, erst hab ich für meine Mutter gegessen und dann für meine Frau. Dann als Vorbild für die Kinder. Und jetzt, was habe ich jetzt davon? Keinen Appetit. Überfressen. Mein Leben: 1.500-mal Gulasch, 800-mal Sauerbraten, 1.040 kg Nudeln, 1.560 Würste (gebraten oder gekocht), 2.138 kg Kartoffeln. Aber nur ein einziges Mal Alpine Kohlsuppe – das war mein Fehler.

Den Kohl waschen, in Streifen schneiden und in Salzwasser weich kochen. Das Weißbrot in Scheiben schneiden. Dann in einem gefetteten Suppentopf eine ca. 3 cm dicke Schicht Kohl mit den Brotscheiben belegen und mit einer Schicht Käsefondue (kalt und direkt aus der Packung) bedecken. So weitermachen, bis die Zutaten aufgebraucht sind. Mit einer Schicht Weißbrot abschließen und mit der kochend heißen Suppe aufgießen. Dabei sollte die Suppe mindestens 4 cm höher stehen als die übrigen Zutaten. Einmal aufkochen. Die Butter erhitzen, bis sie schäumt, und vor dem Servieren drüber gießen.
Pfeffermühle nicht vergessen – und fertig.

3 l Gemüsebrühe oder Fleischbrühe oder Hühnerbrühe

125 g Butter

400 g fertiges Käsefondue aus dem Kühlregal

mehrere alte Semmeln, altes Weißbrot und/oder alte Brezeln.

1 Wirsingkohlkopf

Abnehmen!

Die kalte Februarluft zerriss ihm fast die Lungen. Das Fahrradfahren war ungewohnt und stürmisch flog sein Atem. Eva hatte ja Recht! Er wollte es zumindest versuchen. Und ein Neubeginn war gemacht. Er hatte das Fahrrad genommen. So konnte er seine Nervosität in die Pedale legen, denn was ihn erwartete, wusste er nicht.

Die Gedanken zogen vorüber wie die Bäume der umsäumten Straße und er musste an das Gespräch mit Eva denken, das sie während des Frühstücks mit ihm gesucht hatte. Frühstück war die einzige Tageszeit, die ihn zur Askese verlockte (er war ja noch satt vom Vorabend) und ihm seine guten Vorsätze in Erinnerung rief.

Nie wieder so spät essen! Wie schön musste es sein, mal endlich wieder mit Appetit zu frühstücken. Ein weich gekochtes Ei, frische knusprige Brötchen, darauf kühle Leberwurst oder Frischkäse-Doppelrahmstufe mit österreichischer Marmelade, die hatte einen höheren Fruchtanteil. Oder ein paar Scheiben mittelalten Gouda!

Auch Gespräche am Morgen lagen ihm nicht so sehr; er hörte lieber Eva zu oder studierte Postwurfsendungen mit ihren verlockenden Sonderangeboten. Er war also sehr angreifbar und noch nicht wirklich wach. Lediglich die Vorfreude auf den Duft von frisch gemahlenem Kaffee, der mit unter Hochdruck stehendem Wasserdampf umspült, durch die Espressomaschine seine dickflüssig-braunen Essenzen freigibt und mit einem Krönchen aufgeschäumter Milch vor ihm stehen würde, verlockte ihn, das warme Bett zu verlassen.

Manchmal gelang es ihm sogar, bis 12 Uhr mittags lediglich eine Buttermilch mit Süßstoff zu sich zu nehmen. Das war entschlackend und irgendwo hatte er mal gelesen, dass der Körper bis mittags am meisten verbrennt.

Dann war er sehr stolz auf sich und erzählte Eva immer wieder, wie wenig er doch gegessen hatte und welche Selbstdisziplin dazu nötig gewesen war.

An diesem Morgen jedoch hatten die Gedanken an ein richtiges Frühstück ihn überzeugt, es mit einem Brötchen zu versuchen. Der starke Kaffee würde sonst seinen Magen zu sehr beanspruchen. Eva hatte Frühstücksbrötchen aufgebacken, und die wollte er sich nicht entgehen lassen. Dafür würde er zu Mittag weniger essen, denn er würde ja nicht so ausgehungert sein.

So biss er gerade zum zweiten Mal in sein mit angenehm kühler Trüffelleberwurst bestrichenes Brötchen, als Eva ihn plötzlich auf die Milchtüte, die auf dem Tisch stand, aufmerksam machte.

Jetzt wurde er hellhörig! Wohin sollte dieses Thema führen? Etwas Pädagogisches? Ein seltsames Misstrauen beschlich ihn! Eva war in einer merkwürdig guten Laune, die ihm geradezu kampfeslustig vorkam. Wollte sie heute gar nicht joggen?

Sie wollte, dass er sich einmal vorstellte, dass zehn von diesen Milchtüten immerhin zehn Kilo wiegen würden. Aha! Und dass er mindestens zehn, wenn nicht gar zwanzig dieser Milchtüten ständig mit sich herumschleppen würde.

Jaja, das wusste er, und?

Nun, ob er das nicht als ziemlich überflüssig empfinden würde? Sein Misstrauen stieg ins Unermessliche. Was sollte er jetzt entgegnen? Dass er nicht einfach so essen würde, sondern dahinter die Suche nach Erkenntnis steckte …?

Nein, das kam ihm albern vor, er war noch zu nüchtern, diese Theorie zu verfechten, und der Tag war noch zu jung, er war noch zu schutzlos und hatte keine Energie, um argumentativ zu streiten. Er wollte auch gar nicht.

Alles war doch klar und eindeutig in seinem Weltbild, das gerade erschüttert wurde. Er legte seine Leberwurstsemmel beiseite, nun verwaisend auf dem Teller. In einer Stunde würde die Wurst ergraut sein, wie seine Überlebensstrategien.

Eva hatte obsiegt. Er schwieg. Er wollte wissen, wie es weiterging. Was würden sich für neue Horizonte auftun?

Sie sagte, sie wolle nicht missverstanden werden, er könne natürlich so bleiben, wie er sei, aber sie habe Angst um ihn.

»Weißt du, dass du letzte Nacht wieder schrecklich geschnarcht hast? Weißt du, dass das gefährlich ist? Das kann zu Apnoe führen, jenem schrecklichen Luftloch, in dem man ersticken kann. Je dicker oder, höflicher ausgedrückt, je größer der Bauch wird.«

Und jetzt kam die Trumpfkarte, die Lösung.

»Also, du kennst doch Ingrid?«

»Ja …«

»Sie fährt jedes Jahr nach Indien und sieht danach fantastisch aus. Und weißt du warum?«

»Nee ... kennt sie da wen?«

»Ja, sie hat dort einen ayurvedischen Meister und der ...«

»Der macht mit ihr Übungen ...«

»Nein, äh, ja. Jetzt bleib doch mal ernst, schließlich geht es um dich ... Jedenfalls hab ich ihr von uns erzählt ...« (Oh Gott, er sank vor Scham in den Boden: Wie sollte er jemals wieder Ingrid unbefangen begegnen? Sie kannte jetzt intimste Geheimnisse und er musste so tun, als wüsste er nichts davon. Was für eine Anstrengung! Und warum musste Eva das tun?)

Bestärkt von Ingrid war Eva davon überzeugt, dass etwas geschehen müsse. Und nun geschah Folgendes: Eva verließ den Raum, um etwas zu holen. Adam hatte eine klitzekleine Verschnaufpause. Puhh.

Das war zu viel.

In der Hand hatte sie einen kleinen Prospekt, und damit keine Pause entstand, in der sich Widerstand regen konnte, erzählte sie: »Also, die Ingrid fährt ja immer nach Indien ...«

»Ja ja, zu ihrem Meister.«

»Genau!«

»Und der hat zu ihr gesagt, wenn sie mit dem Rauchen aufhört, würde sie eine wunderschöne reine Haut bekommen, denn sie ist ja ein Kapha-Typ!«

»Ein was?«

»Ach, das führt jetzt zu weit. Das ist in der ayurvedischen Typenlehre so und das interessiert dich ja bestimmt nicht weiter, ist jetzt auch nicht wichtig. Sie ist ein Kapha-Typ und da würde die Rauchentwöhnung manchmal Wunder wirken, besonders bei der Haut.«

»... Mhh.«

»Jedenfalls hat dann Ingrid, als sie wieder zurück war, alles Mögliche ausprobiert und nichts half. Sie hat weiter geraucht und war total verzweifelt.«

»Ja, aber sie raucht doch nicht mehr, ich musste doch letztens dauernd auf ihren Balkon zum Rauchen, weil sie alle Aschenbecher vernichtet hat.«

»Ja, wart's ab.«

»Stört's dich, wenn ich jetzt eine rauche ... oder soll ich mit dem Rauchen auch noch aufhören?«

»Neeein, darum geht's doch jetzt gar nicht.«

»Ja, worum denn?«

»Also, sie hat in drei Wochen das Rauchen aufgegeben, nur und allein mit Hilfe von ein paar Akupunkturnadeln. Sie war bei einem Homöopathen, der hat ihr drei Akupunkturnadeln ins linke Ohr gesetzt und … nach drei Wochen fand sie Rauchen widerlich!«

»Ich weiß!«

»Das ist doch toll! Und du solltest mal ihre Haut sehen! Wie ein Pfirsich!«

»Ja, aber lebt sie denn nicht in Trennung?«

»Typisch, dass du das sagst, sie hat es für sich getan. Na gut, du nimmst mich mal wieder nicht ernst, dabei wollen wir dir alle nur helfen. Jedenfalls, hier ist die Adresse, ist gar nicht weit weg von uns, von diesem Homöopathen, der macht nämlich nicht nur Rauchentwöhnung, sondern auch Gewichtsreduktion!«

»Na klar, ist ja auch ein großer Markt!«

»Aaachhh, das ist doch nur wieder so 'ne Flucht und vielleicht hilft das ja wirklich, mit den Nadeln?«

Er war vom Fahrrad abgestiegen und wartete an einer Ampel auf Grün. Nun war es nicht mehr weit, bald würde er sein Ziel erreicht haben und die Prozedur würde beginnen. Es war ihm zutiefst peinlich und unangenehm, denn schon das Erscheinen bei diesem Heiler hieß: Ich bin zu dick, ich schaffe es nicht allein, meine Fresssucht zu zügeln! Bitte helfen Sie mir!

Das war mehr als uncool, das war eine Bankrotterklärung! Das Ampelmännchen sprang auf Grün und sagte ihm: »Komm hinüber, komm auf die andere Seite, sei kein Feigling!« Er zögerte. Konnte er umkehren? Was sollte er dann Eva sagen? Der Kurs ist ausgefallen? Nein, das war zu kindisch. Sie hatte ihm diesen Prospekt in die Hand gedrückt und er las, halb benommen:

Praxis für Naturheilkunde, Karl-Heinz Schüssel, Heilpraktiker, Email: info@akupunkturreduktion.de.

Wieso wurde er so misstrauisch, wenn jemand an sein Fett wollte? Abnehmen begriff er nur als wegnehmen. Man wollte ihm etwas wegnehmen, seine Lebensfreude, seinen Spaß. Andererseits mit Hilfe von ein paar Akupunkturnadeln jegliches Hungergefühl zu verlieren, erschien zumindest verlockend einfach. Und Ingrid rauchte ja wirklich nicht mehr.

Er schob sein Fahrrad über die Kreuzung und fuhr, jetzt immer die Hausnummern im Blick, zum Ort der Verheißung. Es war ein typisches 90er-Jahre-Mehrfamilien- und Bürogebäude, mit dem schon verbleichenden Charme postmoderner Glas- und Betonarchitektur. Er musste nur noch sein Fahrrad abschließen, was sehr sorgfältig geschah, um so sein innerliches Zögern zu verdecken, dann konnte er eintreten. Die Praxis lag gleich auf halber Treppe, sozusagen Erdgeschoss, und ein kleines Schild wies ihn an: Klingeln und dabei die Tür aufdrücken bitte!

Wenn er jetzt klingelte, gab es kein Zurück mehr, denn er war ja angekündigt, also atmete er noch einmal kräftig durch und trat ein. Alles war wie bei einem Arzt. Ein großer Empfang. Viele Türen, die irgendwohin führten. Ein Geländer umzäunte eine Wendeltreppe, die nach unten führte. Vor einem Tresen stand ein älteres Ehepaar, das mit der Dame von der Anmeldung sprach. Das gab ihm noch etwas Galgenfrist für sein Eingeständnis, weshalb er hier war. Auffällig waren, an den Wänden und Säulen, die die niedrige Decke stützten, kleine Plakate, die verkündeten: »Einmal die Woche Wiegen ist Pflicht!« Dazwischen immer wieder Dankesschreiben der Patienten über Wunderheilungen, Berichte von utopisch hohen Gewichtsreduktionen und Erzählungen von einem »neuen« Lebensgefühl. Manchmal sogar in einfachen Versen verfasst:
»Der Herr Schüssel ist ein Wundermann,
dem man nicht genug danken kann!«

Was veranlasst Menschen bloß, so etwas zu tun? Fehlen ihnen die normalen Worte? Wollen sie ihren Erlebnissen Hymnen widmen? Oder machte das »neue« Lebensgefühl so kindisch?

»Kommen Sie zur Rauchentwöhnung?«, die Sprechstundenhilfe hatte ihn entdeckt.

»Äh, nein, ich hatte angerufen …«

»Ach so, ich sehe schon: Gewichtsreduktion! Sie wissen, wie's geht?«

»Nein!«

»Der Herr Schüssel wird nun unten einen Vortrag halten, was alles zu beachten ist. Sie können daran kostenlos teilnehmen, und wenn Sie sich danach entschließen, die Akupunkturnadeln zu nehmen, dann kostet's für die ersten sechs Wochen 80 Euro. Waren Sie schon beim Wiegen?«

»Äh, nein …«

»Gut, dann geht jetzt meine Kollegin mit ihnen zum Wiegen.« Währenddessen hatte sie routinemäßig ein Formular ausgefüllt und übergab es Adam. Die Assistentin schob die Schiebetür des Wiegeraumes so heftig zur Seite, als würde er zu einer Hinrichtung geführt. In dem kleinen klinischen Raum stand nichts weiter als eine elektronische Waage und ein Stuhl. »Bitte mit

Kleidung draufstellen!« Die Elektronikziffern flimmerten eine Eins-eins-neun-Komma-fünf. In den Staub getreten, dachte er, sie hat mich in den Staub getreten. Obwohl sie betont dezent und sehr professionell die Zahlen in Adams Formular eintrug, fühlte er sich erniedrigt. »Sie können jetzt nach unten gehen.« Er hörte nur noch »nach unten«.

Nach der letzten Rundung der Wendeltreppe öffnete sich ein kleiner Saal, der zu seiner Überraschung schon ziemlich angefüllt war mit ›Patienten‹. Viele dicke junge Frauen, Pärchen, Rentner. Die meisten saßen schon, man blickte sich kurz an und jeder wusste vom anderen, warum er hier war. Als hätten alle ein Schild um den Hals mit der Aufschrift: Ich bin zu dick. Er tat so, als gehöre er nicht wirklich zu diesem Kreis, ein stiller Beobachter, der den Vortrag aus reinem Interesse hören möchte, so suchte er sich einen einsamen Platz etwas weiter hinten.

Endlich trat Herr Schüssel vor seine Gemeinde, die sich ein Wunder erhoffte. Er war nicht besonders groß, mit krausem Haar, natürlich schlank, beinahe schüchtern. Er erhob seine Stimme, das heißt, eigentlich sprach er sehr leise. Adam und die anderen wurden so gezwungen, an seinen Lippen zu hängen, um ihn überhaupt zu verstehen. Aha, sehr geschickt, dachte Adam. In seinem Vortrag legte er nun seine Methode dar, und zur Veranschaulichung, wie viel Fett wir alle überflüssigerweise mit uns herumschleppen, hatte Herr Schüssel zehn leere Milchtüten zusammengeklebt, die er dem Auditorium zeigte.

Der Vortrag dauerte sehr lange und Adams Geduld wurde auf die Probe gestellt. Wann sprach er denn endlich von den Akupunkturnadeln? Aber nein, es ging um Zuckerspiegel, um striktes Alkoholverbot und um eine von ihm entwickelte Diät. Hatte er richtig gehört? Diät? Er wollte doch gar keine Diät machen. Er wollte doch nur die Akupunkturnadeln und nach drei Wochen, statt nicht mehr zu rauchen, um zehn Kilo leichter sein. Das war doch das unausgesprochene Abkommen. Aber nein, eine Diät! Das war enttäuschend. Er hörte hinter sich ein Pärchen tuscheln. Sie waren so um die 50 Jahre alt, und der Mann äußerte zu der Frau seine Bedenken, ob das denn auch alles so funktioniere. Er sprach alles aus, was Adam ebenfalls dachte: Drei Wochen ohne sein geliebtes Glas Bier und nur Knäckebrot mit Magerquark und 300 g gedünstetes Gemüse über den Tag verteilt. Eine Horrorvision. Dazu drei lästige Nadeln im Ohr, die angeblich das Hungergefühl dämpfen sollten. Na ja!

Herr Schüssel kam zum Ende seiner Ausführungen: »Wer jetzt die Nadeln nimmt, sollte sich im Klaren sein, dass er ab jetzt nur noch 360 Kalorien am Tag zur Verfügung hat. Ich warte dann im Nebenzimmer auf Sie.«

Adam war ratlos. Was sollte er jetzt tun? Sollte er die Nadeln nehmen und 80 Euro in diese Kur investieren? Schaden konnte es ja nicht, aber 360 Kalorien waren verdammt wenig! Das sind pro Mahlzeit 120 Kalorien. Und viel Abwechslung versprach das auch nicht. Er brauchte noch Zeit, um sich an diese Vorstellung zu gewöhnen. Er gesellte sich zu den Rauchern der Gruppe, die auf ihre Nadeln warteten. Kaum einer hatte die Praxis verlassen, jeder wollte diese magischen Dinger. Die Raucher mussten natürlich im Innenhof rauchen. Und da war auch wieder das Pärchen, das hinter ihm gesessen hatte. Der Mann fragte ihn nach Feuer. Er hatte tatsächlich einen Bierbauch, die Frau jedoch ließ nirgends erkennen, dass sie irgendwo zu viel hatte. Unvermittelt redete der Mann mit Adam und äußerte seine großen Bedenken über die Methode und die Nadeln. Adam wollte sich aber nicht umstimmen lassen und ging deshalb in Opposition: »Wieso, das klingt doch alles sehr einleuchtend, was Herr Schüssel gesagt hat! Sicher, die Diät ist hart, aber man hat ja die Nadeln, die einem ein wenig dabei helfen.« Die Frau pflichtete ihm bei und erzählte von einer Bekannten, die mindestens 60 Zigaretten am Tag geraucht hatte und jetzt geheilt sei, dank Herrn Schüssel. Der Mann murmelte noch etwas von »mein Bier trinken« und drückte seine Zigarette wieder aus und gemeinsam gingen sie wieder hinein. Es wurde ihnen zu kalt. Durch das Gespräch wurde klar, dass die beiden kein Ehepaar waren, höchstens Arbeitskollegen oder so etwas.

Auf dem Rückweg zum Vortragsaal fragte die Frau ihn, ob er schon einmal etwas von Nipposan gehört habe?

»Nein?«

»Sehen Sie, das ist ein international operierender Konzern mit Sitz in Japan, der sehr schöne Artikel zur Steigerung der Selbstheilungskräfte herstellt. Darf ich Ihnen mal meine Karte geben?«

Was sollte das werden? Wo war Adam hineingeraten? Hilfe suchend sah er sich nach einem Ausweg aus diesem sich anbahnenden Verkaufsgespräch um. Sie waren wieder in dem Vortragssaal angekommen, wo immer noch viele Patienten warteten, um endlich in das Behandlungszimmer von Herrn Schüssel vorgelassen zu werden. »So viele noch vor mir?«, sagte Adam, um das Gespräch in eine andere Richtung zu führen, und steckte dabei die

Visitenkarte der Nipposan-Dame schnell ein. Sie kramte in ihrer Tasche und holte aus einer Schachtel ein kleines Gerät mit Plastikrollen heraus. »Hier habe ich zum Beispiel mit einem Kristall behandelte Massagerollen. Täglich nur zehn Minuten den Nacken damit massieren und Sie spüren, wie Sie neue Kräfte erlangen und gleichzeitig revitalisiert sind. Wir sitzen doch alle viel zu lange am PC und das ist die Lösung. Soll ich mal?«

»Nein, nein, ich müsste eigentlich längst zu Hause sein und …«

»Ach, gehen Sie doch ruhig vor mir rein, ich kann warten.« Zwei in der Nähe stehende junge Frauen, die sehr groß und korpulent waren, hatten das Gespräch verfolgt und interessierten sich sehr für die Massagerollen.

»Ach, entschuldigen Sie, wir arbeiten zwar nicht am Computer, wir sind Krankenschwestern und da muss man unheimlich viel stehen. Hilft da das Gerät auch?«, fragten sie die Nipposan-Vertreterin.

»Aber natürlich! Ich demonstriere Ihnen das mal! Kennen Sie Nipposan? …«

Sie hatte neue Kundschaft gefunden und Adam konnte fliehen. Die Akupunkturnadeln wollte er trotzdem ausprobieren und sei es nur, um Eva zu zeigen, dass er ihrem Wunsch entsprechen wollte. Er drängelte sich zum Behandlungszimmer vor. Möglichst schnell jetzt zu den Nadeln und dann nichts wie weg hier, denn er wusste, dass das hier nicht seine Welt war. Herr Schüssel sprach wieder sehr leise zu ihm: »Auf welcher Seite schlafen Sie?«

»Äh rechts, nein links«, er hielt ihm sein rechtes Ohr hin und mit einer Art Luftdruckpistole setzte der Therapeut ihm drei winzige Pfeile ins Ohr, die das Zentrum, das für Hungergefühle zuständig war, beeinflussen sollten. Es tat auch ein wenig weh.

»Viel Erfolg!«, waren die letzten sanftmütigen Worte von Herrn Schüssel, dem Heiler, die Adam vernahm, als er aus der Praxis floh.

Die kalte frische Luft tat ihm gut. Befreit fuhr er die große Straße zurück. Gleich würde er an einem Currywurststand vorbeikommen, da konnten die Nadeln beweisen, ob sie schon wirkten. Er horchte ganz genau in sich hinein. Hatte er Hunger oder nicht? Nein, noch nicht! Oder vielleicht nur ein klein wenig, ein Hauch von einem Hungergefühl, aber kaum spürbar? Wirklich? Keinen Hunger? Nein! Der Currywurststand würde gleich auftauchen. Und immer noch kein Verlangen! Fünf Meter vor dem Imbissstand blieb er stehen, stieg ab und blickte eindringlich hinüber. Tatsächlich, ein echtes Hungergefühl konnte er immer noch nicht feststellen. Er lächelte. Sollten die Nadeln wirklich so stark sein? Das wäre ein Neubeginn ungeahnten Ausmaßes. Doch das

Experiment war noch nicht beendet. Er wollte es ganz genau wissen. Er ging bis zur Wurstbude und schaute sich die brutzelnden Würste aus nächster Nähe an. Wieder horchte er in sich hinein. Appetit? Höchstens eine winzige Spur! Er fasste sich ans rechte Ohr, betastete die Pflaster, unter denen sich die kleinen Wunderpfeile befanden. Ein Pflaster fehlte! Er schaute auf den Boden. War eine Nadel herausgefallen? Ja, aber anscheinend nicht hier. Zurückzufahren und sich erneut behandeln zu lassen war für ihn jetzt ausgeschlossen. »Kann ich etwas für Sie tun?«, fragte der Mann in der Imbissbude. Er schaute auf die Bratwürste, die Ketchupreste auf der Theke, befühlte sein Ohr, blickte zu dem Wurstverkäufer und wollte etwas sagen, doch … es musste einen anderen Weg geben.

Die Nachtspeisen

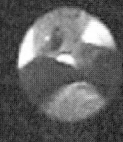

Wie konnte das nur passieren?
Mikrowellenraclette

Manchmal kommt er völlig unerwartet. Ganz plötzlich! Wie aus heiterem Himmel! Unbändig in seiner Natur und unaufhaltsam. Der plötzliche Heißhunger! Meist spätabends so gegen 22:41 Uhr. Er reißt uns hinab in einen Strudel absoluter Gewissenlosigkeit und gibt keine Ruhe. Auch die Lebkuchenherzen, die wir eben noch aus dem Süßigkeitenschrank geholt und gleich im Stehen gegessen haben, mussten ihr süßes Leben lassen und geben keine Befriedigung mehr. Der Heißhunger regiert! Er ist wie ein insistenter Gerichtsvollzieher, der immer tiefer in die Wohnung eindringt und höflich aber bestimmt fragt, wo noch Schätze verborgen sind.
Die Wurst lässt uns kalt, ebenso der Kartoffelsalat und die Nudelreste verlocken nicht. Und jede warme Speise dauert in der Zubereitung zu lange! Höchste Alarmstufe! Der Heißhunger wird übermächtig und verlangt nach Vollzug. Wie konnte das nur passieren? War das Abendbrot nicht üppig genug? War der Wein schuld? Egal. Der Heißhunger hat die Phantasie im Würgegriff, sie schreit um Rettung und deutet mit letzter Kraft auf die Mikrowelle. Diese letzte Hoffnung! Der schnelle Genuss! Der Heißhunger lässt alles geschehen:
Geschmolzener Käse mit grobem Pfeffer und etwas Paprikapulver, das ist die Eingebung, die uns die Phantasie zuflüstert. Tun wir es oder tun wir es nicht? Wir tun's …

Von jedem Käse mehrere Scheiben in mittlerer Dicke auf einen mikrowellengeeigneten Teller hobeln oder schneiden.

In der Mikrowelle bei mindestens 600 Watt 1½ Minuten garen, bis der Käse zerlaufen ist und anfängt, Bläschen zu bilden.

Mit Pfeffer und Paprikapulver bestreuen und heiß essen.

Dazu passt frisches Ciabatta, ein eisgekühlter Rosé oder ein schöner, trockener Weißwein.

Variante 1
Wenn noch gekochte Salzkartoffeln vom Vortag da sind, 2 Kartoffeln in Viertel schneiden. Mit dem Käse belegen und 2 Minuten garen.

Variante 2
Wie Variante 1, jedoch ergänzt mit 2 Matjesheringen mit Zwiebeln, die man kalt dazu isst. Herrliche Kombination mit dem heißen Käse.

Variante 3
Zum Käse noch einige Scheiben Knoblauch auf den Teller legen und mitgaren.

Variante 4
Und so weiter …

Grundversion
200 g Käse, verschiedene Sorten, z. B. mittelalten Gouda, Manchego, Camembert, Brebis, Ziegenhartkäse, Parmesan, etc. Im Prinzip ist jeder Käse erlaubt, außer Frischkäse.

Pfeffer aus der Mühle

Paprikapulver, edelsüß

Tomatenmarmelade (siehe S. 201)

Schlingnudeln

Anderen Schlingen legen ist eine sehr magere, böswillige Aktion. Selbst schlingen ist hingegen die hohe Schule der Vielfresser. Schlingen heißt schnell und ununterbrochen essen. Den Mund schnell so voll anfüllen, dass die gleichzeitige Benetzung aller Geschmackspapillen verbunden mit dem raschen Schlucken der Speisen und dem sofortigen Nachschub derselben möglich ist. Da der Schlinger zwischen, während und nach dem Schlingen nach Herzenslust rülpsen und stöhnen und ausatmen und seinen Genuss durch ein lautes »Aaaah, herrlich!« oder »Ist das geil, mhmm, supergeil!« unterstreichen will, ist die wichtigste Voraussetzung die Einsamkeit. Selbst richtige Fresser sind oft gegen Essgeräusche anderer Fresser empfindlich. Ob das Neid ist, weil man eben nur einen Mund hat und auch den Genuss des zweiten Mundes haben will, oder ob Fresser vielleicht ganz normale Ästheten mit einem Überbedarf an Gleichzeitigkeit sind, ist noch nicht erforscht.

Voraussetzungen für Schlingnudeln
ein Sofa und Fernseher nach Bedarf, ein Topf Nudeln beliebiger Form, Farbe oder Konsistenz, eine
persönliche Pig-out-Mischung, welche einzeln,
nacheinander oder gleichzeitig die rechts aufge-
führten Zutaten ermöglicht.
Aber das Wichtigste sind mindestens 5 Minuten
Zeit pro 500 g Nudeln!

Parmesan

Butter

Basilikumpaste aus
dem Glas

scharfe Thai-Curry-
paste aus dem Glas

kaltgepresstes
Olivenöl, und so
weiter …

Pasta post Reanimation

Es war während einer Freiluftvorstellung des barocken Singspiels »Sintflut« in Telfs in Tirol. Tobias Moretti spielte einen Kapuzinerpater, welcher die Welt vom Teufel befreien will, und hielt eben seinen Monolog. Ich stand hinter der Bühne und wartete auf mein Stichwort, als Kinder aus der Garderobe gelaufen kamen und mir zuwinkten. »Der Charly ist tot, er ist da drinnen tot umgefallen.« Ich lief auf die Bühne und sagte in meiner Aufregung und natürlich ohne vorher nachzusehen, ob die Kinder die Wahrheit sagten: »Wir brauchen schnell einen Arzt. Ein Kollege ist gestorben.« Da ich als Gott Vulkanus verkleidet war und das Ganze als Komödie auf den Plakaten stand, erntete ich einen Lacher. Als die Leute ausgelacht hatten, war ich schon in der Garderobe. Charly lag tot am Boden. Ich bat Conny, der starr mit Tränen in den Augen dastand, mir zu helfen … Ich wusste zunächst nicht, wie er mir helfen sollte, und sagte: »Du bläst da hinein und hältst ihm die Nase zu und ich drück da drauf.« Obwohl ich bei der Herzmassage laut mitzählte, war ich so nervös, dass ich mich ständig versprach und verzählte. »1, 3, 5, 4 …« »1, 2, 3, 5, …« »1, 2, 3, 6, 4, 5 …« Ich schrie den verzweifelten Conny an: »Du bist dran, schneller!« Es war ein makabres Bild: Gott Vulkanus und ein weinender barocker Bürger führen Herzmassage und Mund-zu-Mund-Beatmung durch. Nach sieben unglaublich langen Minuten kam der Notarzt. Die Vorstellung wurde fortgesetzt, denn der Kollege war ja plötzlich nicht mehr tot, sondern nur mehr »erkrankt«.

Zwei Tage später bekamen wir aus der Universitätsklinik Innsbruck dickes Lob: »Unter 1.000 hat einer das Glück, dass er so fachmännisch reanimiert wird.« Charly besuchte uns bei den Festspielen im nächsten Jahr und bedankte sich persönlich bei uns.

An diesem Abend wurde grandios getrunken und dann gab es »Pasta post Reanimation« als Nachtspeise.

Glücklicherweise ist das Rezept so einfach, dass man die Wiederbelebung ohne weiteres überspringen kann und die Nudeln auch nach einem ganz normalen Arbeitstag schmecken.

Aus den getrockneten Zutaten eine eigene Gewürzmischung herstellen und in Olivenöl erhitzen. Die Teigwaren darin schwenken. Pecorino
drüberstreuen und gleich aus der Pfanne essen.
Dazu schöner Cabernet Sauvignon oder 8–10
kühle »Schneider Weisse« (das beste Weißbier der
Welt).

kalte Nudeln
(diverse Sorten)
vom Abendessen

getrocknete
Petersilie

getrockneter Kerbel

getrocknete
Peperoncini

Knoblauchsalz

Olivenöl

Pecorino sardo

Schnitzelsemmeln

Damit wäre schon alles gesagt bzw. das Rezept bereits erklärt. Eigentlich braucht man dazu keine Erläuterung. Höchstens, dass eine Semmel im Norden Brötchen heißt, aber das weiß ohnehin schon jeder, und – na ja – dass diese Nachtspeise doch rein medizinisch betrachtet nicht ohne Digestiv verabreicht werden sollte. Hier empfiehlt sich in erster Linie ein Aprikosenschnaps. Diese fruchtige Ergänzung macht das wahrlich plebejische Vergnügen erst zu einer würdigen Nachtspeise. Denn der Aufstieg vom Fingerfood zur Nachtspeise ergibt sich nicht zuletzt durch eine vorgeschriebene Anzahl von mindestens zwei Varianten.

Variante 1
Ist wohl klar: kaltes Schnitzel, kalte Semmel, Senf, Ketchup und so weiter.

Variante 2
Das Brötchen kann über dem Toaster leicht angewärmt und das Schnitzel ebenfalls kurz – idealerweise – in einer Pfanne oder aber in der Mikro erwärmt werden.

Dazu passt sowohl Kartoffelsalat mit extra Senf abgemischt oder die diversen Ketchupvariationen, z. B. »Ketsch und Co.« oder »Dijonnaise«, auch saure Gürkchen oder Perlzwiebeln machen sich gut.

1. eine kalte Schnitzelsemmel, welche vorzugsweise zuerst genossen wird, und

2. eine warme Schnitzelsemmel

Für die Hummelkönigin
Cremeschnitten

Warum wissen wir alles über die Bienenkönigin und die Ameisenkönigin, aber nichts über die Hummelkönigin? Da beginnt bereits die Diskriminierung der Dicken. Unsere Kinder müssen den Ameisenbau bewundern, die militärische Ordnung und den bis zur Selbstaufgabe reichenden Fleiß dieser hässlichen, schwarzen Viecher. Auch von den Bienen wissen die braven Kinder alles. Aber fragen Sie einmal Ihre Tochter, ob sie weiß, was eine Hummelkönigin so den ganzen Tag macht.

So werden die falschen Vorstellungen von Nützlichkeit und Bedeutung schon in der frühesten Kindheit gefördert. Auf die Idee, ihnen nicht die Biene Maja, sondern die Hummel Barbara in Zeichentrick zu gießen, kommt in der modernen Leistungsgesellschaft niemand.

Dabei sorgen die Hummeln genauso brav für ihre Nachkommen wie die Ameisen. Nur sie sind einfach dicker, beißen nicht, stechen nicht und fressen ihren Honig selbst: Cremeschnitten für Hummelkönige und Hummelköniginnen.

Vanillepudding laut Packungsanleitung zubereiten.

Marillenmarmelade in einem geeigneten Gefäß kräftig aufkochen. Währenddessen die Backform oder Kasserolle buttern und den Boden mit einer Schicht Blätterteig belegen, dann auf diesen Blätterteig hauchdünn die kochende Marillenmarmelade streichen. Vorsichtig die nicht zu steif geschlagene Sahne unter den Pudding heben und ca. 3 cm hoch auf die Teigplatte streichen. Mit einer weiteren Teigplatte belegen, aber ohne Marillenmarmelade. Mit 3 cm Pudding-Schlagsahne-Mischung bedecken. Mit einer letzten Teigplatte abdecken. Im Backofen bei 180 °C 20 Minuten backen.

Den noch warmen Kuchen in Rechtecke oder Quadrate schneiden und dick mit Puderzucker bestäuben, sodass nicht ein klitzekleiner brauner Fleck mehr sichtbar ist. Als Alternative bietet sich eine Zucker-Zitronen-Glasur an.

zwei Rollen Blätterteig aus dem Tiefkühlregal

1,5 l Vanillepudding

250 ml Schlagsahne

1 Glas Marillenmarmelade

eventuell Zuckerglasur

Im Yukata

Malfatti – Spinat-Käse-Nocken

Viele von uns sind noch nicht sehr weit gekommen. Weder auf der Landkarte, noch in Wirklichkeit. Ich meine, dass es aber doch durchaus möglich ist, trotzdem etwas Japanisches zu besitzen. Das heißt, ohne dass man in Japan war, hat man so ein schönes Glöckchen im Zimmer oder so eine bunte Teedose. Vielleicht hat man Freunde, die schon weiter gekommen sind und schon dort waren, in Japan. Und sie haben all denjenigen, also uns, die wir noch nicht so weit gekommen sind, einen YUKATA mitgebracht. Es ist kein Schlafmantel, es ist kein Bademantel, es ist kein Hausmantel. Es ist eine federleichte, bunt bedruckte Baumwolldecke mit Ärmeln, die mit einem noch dünneren Baumwollnetzgewebe gefüttert ist. Es bedeckt beinahe den ganzen Körper und temperiert ihn ideal.

Zunächst frühstückt man darin, in der festen Absicht, nach dem Frühstück dann doch die abendländische Tageskleidung anzuziehen. Doch es läutet – selten genug – das Telefon, noch ehe man die Zeitung gelesen hat, und bringt den Tagesplan durcheinander. Schon fehlen 30 Minuten im Tagesablauf. Denn nach der unbedingt erforderlichen Morgenzeitung kommt das Gabelfrühstück, welches nun ebenfalls im Yukata eingenommen wird und dem ganzen Körper reine, unbeengte, wohltemperierte Freiheit schenkt. Gerne verzichten wir bis zum Mittagessen auf die Hosen, die T-Shirts und Hemden, die doch immer zu kurz, zu lang oder zu eng sind.

Nach dem Mittagessen setzt die Müdigkeit ein und da ist der Yukata wiederum äußerst praktisch. Denn man kann sich ohne Umschweife, mit einer kleinen Zigarette oder einem netten Zigarillo zum Kaffee setzen und hat – obwohl satt gegessen – keinerlei Beengungen. Man fühlt sich wie 25 und spürt, was Idealgewicht bedeutet, nämlich das eigene Gewicht! Kann man sich wohler fühlen als sauwohl?? – Eben. Also Idealgewicht. Auf dem Weg, sich endgültig der Hosenfolter auszuliefern, steht plötzlich ein Kühlschrank und sagt: »Weißt du eigentlich, was in der dritten Lade rechts unten liegt?« Kaum tritt eine leichte Sättigung ein, kommt die Lebensgefährtin nach Hause und sagt demonstrativ nicht, dass wir es nicht geschafft haben »uns anzuziehen«, während andere acht Stunden Geld verdient haben. Wenn die Lebensgefährtin wüsste, wie schnell die Zeit vergeht und wie wenig acht Stunden sind. Leicht traurig und schwer unverstanden, wandern wir ins Schlafzimmer.

Wo ist die Hose? Wo?? Eben – keine da und die frisch gewaschene Jeans werde ich wohl für die paar Stunden nicht mehr anziehen. Also, aufs Bett mit dem Körper, den Kriminalroman mit dem zuckerkranken Kommissar aufgeschlagen und ab geht's nach Schweden. Durst hat er immer, der Kommissar, ja, ja, ja … Dann eben kein Kriminalroman, sondern warten, bis es Abend wird. Die nächsten drei Filme werden stumm angesehen und dann ist es 23:30 Uhr. Aber warum denk ich immer an Paletti – alles paletti? So ein Unsinn, dabei mein ich doch Malfatti.

600 g frischer oder tiefgekühlter Blattspinat, jedoch nicht zerkleinert!

150 g Ricotta

100 g frisch geriebener Parmesan

2 Eier

1 Eigelb

100 g Butter

200 g Mehl

1 kleine Zwiebel

Muskatnuss

Salz, Pfeffer aus der Mühle

Blattspinat putzen und waschen, tropfnass in einen Topf geben, erhitzen und zusammenfallen lassen. Etwas abkühlen lassen, die Blätter auspressen und fein hacken. Zwiebel grob hacken und in 30 g zerlassener Butter glasig dünsten. Den gehackten Spinat untermischen, vom Herd nehmen und abkühlen lassen. Ricotta cremig rühren, den abgekühlten Spinat und die Hälfte des geriebenen Parmesan untermischen. 2 Eier und 1 Eigelb einrühren und mit Salz, Pfeffer und frisch geriebener Muskatnuss kräftig würzen. Nach und nach 200 g Mehl einarbeiten, zu einem glatten Teig rühren, nochmals abschmecken. In einem großen Topf 2 l Salzwasser aufkochen. Aus der Teigmasse mit zwei Esslöffeln Nocken abstechen und ins kochende Wasser geben. Die Temperatur verringern und die Nocken ziehen lassen, bis sie an der Oberfläche schwimmen.

Den Backofen auf 175 °C vorheizen. Nocken mit dem Schaumlöffel herausnehmen, abtropfen lassen und in eine feuerfeste Form geben. Die restliche Butter zerlassen und darüber träufeln, für 5 Minuten in den heißen Backofen schieben. Mit übrigem Parmesan bestreuen und sofort servieren.

Alles ist einfach und leicht!
Fagiolisalat

Alles ist einfach und leicht. Die Nacht war schön. Die Gattin lächelt. Der Frühling zeigt sich von seiner schönsten Seite. Es ist nicht zu kalt, es ist nicht zu heiß. Die Sonne kitzelt die Nase. Das Konto hat statt roter Zahlen schwarze. Der Kaffee schmeckt wie in Italien. Alles duftet gut. Die Kinder sind entspannt und lustig. Man kann schon auf der Terrasse sitzen und die ersten Bienen stören auch nicht. Sie respektieren den Mindestabstand und summen ein fröhliches Lied. Blüht da nicht auch schon etwas? Wie schön. Selbst der Radiosender macht mit und spielt nur meine Lieblingssongs. Muss nicht noch irgend etwas repariert werden? Nein, es ist alles in Ordnung. Keine Bedürfnisse, keine Wehwehchen, keine schwarzen Gedanken, keine Zweifel! Alles ist einfach und leicht. Kann das wahr sein? Liegt nicht schon längst ein Einschreiben vom Finanzamt im Briefkasten? Lauern da hinter den Bäumen nicht schon schwarze Wolken und wollen sich in einem Platzregen entladen, gerade wenn ich den Ölstand vom Auto kontrollieren möchte? Vielleicht startet das Auto erst gar nicht und hat einen großen Motorschaden? Oder hat mich meine Firma gekündigt und gibt mir nur noch eine Galgenfrist bis Montag, um mir das Wochenende nicht zu versauen? Warum lächelt meine Frau? Hat sie vielleicht doch einen Liebhaber?
Nein, nein, nein, es ist wirklich alles einfach und leicht; zumindest heute, und das soll auch so bleiben und ich beschließe: Am Abend mache ich mir etwas ganz Einfaches und Leichtes. Nämlich: Fagiolisalat.

Kleine Warenkunde:

Dieses nicht nur äußerst praktische und preiswer-
te Haushaltsgerät aus Großmutters Zeiten ist ein
perfekter Emulgator. In ihm lassen sich in Sekun-
denschnelle die besten Salatsaucen zu einer cre-
migen Emulsion vereinigen, ohne Schneebesen,
Quirl oder gar einen elektrischen Zauberstab. Man
füllt einfach alle Zutaten hinein, Deckel drauf,
ein paarmal schütteln und fertig. Einfach und
leicht! Zudem ist es auch noch eine kleine Zitro-
nenpresse und es verquirlt genauso gut bis zu
zwei Eier samt Gewürzen zu einer köstlichen Eierspeise.
Es ist spülmaschinengeeignet und hilft, die Küche
vor wütenden, handverquirlten Spritzern sauber
zu halten. Kurz: genial.

Ein Wort noch zum Kürbiskernöl: Es ist eine österreichische Spezialität aus der Steiermark. Es hat ein unvergleichlich nussiges Aroma. Man verwendet es nur kalt, also niemals zum Braten. Es hat eine extrem grüne Farbe und ist relativ dickflüssig und ölig. Daher kann man es ruhig mit etwas Wasser mischen, bevor man es über den Salat gibt, es verteilt sich so besser. Das Öl schmeckt auch hervorragend zu kaltem Rindfleischsalat und zu warmen Nudeln, die vor Neid ganz grün werden.

Alle Dosen öffnen! Alles abtropfen lassen! Die Zwiebeln in hauchdünne Ringe schneiden. Das Öl, den Essig, 2 El Wasser, Salz und Pfeffer, durchgedrückte Knoblauchzehe und die Kräuter in den oben erwähnten Shaker füllen. Mit leichter Hand mehrmals kräftig schütteln. (Oooops, vorher natürlich verschließen!)
Die Bohnen, den Thunfisch und die Zwiebeln in eine große Salatschüssel geben. Das Dressing darüber träufeln. Mit Salatbesteck alles mischen. Zum Durchziehen etwas ruhen lassen.
Herrlich. Wie einfach!

1 große Dose große weiße Bohnen (Gigantis, griechisch)

1–2 größere Zwiebeln

1 Dose Thunfisch naturell

3 EL original steirisches Kürbiskernöl (ersatzweise Olivenöl)

2 EL Aceto Balsamico (ersatzweise Apfelessig)

1 Knoblauchzehe

1 TL Kräuter der Provence oder frische Petersilie und Schnittlauch, klein gehackt

Salz, Pfeffer aus der Mühle

Variante
zusätzlich 1 kleine Dose gewürfelte Pizzatomaten abgetropft hinzugeben.

Für Könige und Penner
Mohnkuchen

UNTER DEN BRÜCKEN UND HINTER DEN KRONEN ...

... KLEBT DER MOHN!

Alles in der angegebenen Reihenfolge miteinander verrühren. Die Masse in eine flache Tortenform füllen und 40 Minuten bei 180 °C backen.
Portionieren und mit der gewünschten Menge Vanilleeis, Schlagobers, Staubzucker und Ahornsirup garnieren.
Dazu ein schöner Vino Santo oder einfach drei oder vier süße Espressi.

Kuchen:
120 g Butter

100 g Zucker

4 Eier

1 Packerl Vanillezucker

2 EL Mehl

1 Schuss Rum

250 g geriebene Mandeln

1 Packerl Mohn-Backfix

1 Messerspitze Backpulver

Dekoration:
Vanilleeis

250 ml Schlagobers

Staubzucker

Ahornsirup

Betthupferl
Hühnersuppe mit Lauch

Manchmal und besonders nachts ist der Appetit auf kräftige und kräftigende Dinge sehr ausgeprägt. Wenn auch noch ein besonderer Wein geöffnet oder vielleicht gar in einen Geburtstag hinein getrunken oder hinein gegessen werden kann, eignet sich die Hühnersuppe mit Lauch hervorragend.

Das Morgengrauen ist die Zeit, in der diese phantastische Hühnersuppe genossen wird. Die Sensation ist perfekt, wenn in der Umgebung ein Bäcker bereits seine duftenden Pforten geöffnet hat und zu der Hühnersuppe frische Brötchen oder Baguettes (noch warm) gereicht werden können.

Tipp: Verraten Sie niemals die Zutaten, sondern kündigen Sie das Gericht als Überraschung an, denn es könnten Vorurteile die Vorfreude beeinträchtigen.

Das erste Huhn, das Suppengemüse, den Lauch, die Gemüsebrühe und die Pfefferkörner in einen Topf mit 5 l Wasser geben.
Mindestens 4 Stunden köcheln, ab und zu mit einem Schöpfer kaltes Wasser aufgießen, damit nicht zu viel Suppe verdampft.
Dann das erste Huhn wegwerfen oder dem Dackel als Frühstück aufbewahren.
Nun das zweite Huhn in der Suppe so lange kochen, bis sich das Fleisch vom Knochen löst.
Das Fleisch lösen, in die gewärmten Teller geben, mit frischen Kräutern bestreuen, Muskat drüberreiben und mit der abgeseihten Suppe begießen.
Dazu frische Brötchen und einen eiskalten Riesling oder Sancerre.

mindestens
6–8 Stangen Lauch

2 Hühner

Salz

Pfefferkörner

Gemüsebrühe

Muskatnuss

Suppengemüse

Mary's Pig-Out

Maskenbildner. Flinke Hände von Frauen oder Männern, die mit unglaublicher Geschicklichkeit und Akribie das Gesicht verschönern oder eben gerade nicht. Sie sehen das leichte Zittern meiner Hände, den Schweiß, der nicht immer von der Anstrengung kommt, die Enttäuschung und das große Glück und wissen in jedem Fall immer alles, weil es keinen empfindlichen Menschen gibt, der unter den Händen einer Maskenbildnerin, wie Mary zum Beispiel, nicht alles, alles, aber auch alles gesteht, erzählt, erlügt, schwadroniert, schimpft, eitel sülzt, weint und lacht und was weiß ich noch alles. Sie hört sich geduldig meine Liebesgeschichten an, kennt jeden Pickel und jede Sommersprosse in meinem Gesicht. Hört sich stundenlang Kochrezepte an und denkt dabei nur an eines:
Pig-Out*!

* Pig-Out: Begriff wird im angelsächsischen Raum verwendet und bedeutet soviel wie »richtig fressen«.

Nudeln kochen, Zwiebel und Knoblauch anschwitzen, die Bohnen dazugeben und erst ganz zum Schluss den Thunfisch untermischen.
Auf dem Teller mit den Nudeln kräftig vermengen!

Als passendes Getränk eignet sich hervorragend alles, was wir im Haus finden.

500 g Spaghettoni (dicke Spaghetti)

400 g weiße Bohnen

1 Dose Thunfisch

1 EL Olivenöl (mindestens)

1 kleine Zwiebel

2 Knoblauchzehen

Pfeffer, Salz, Kräuter nach Belieben

bei Bedarf Thaichilisauce und/oder Parmesan

Space night
Pizzastrudel

Alle sind weg. Der Geschirrspüler ist voll. Der Kühlschrank ist leer.
Mittlerweile ist es halb vier und im BR läuft meine Lieblingssendung »Space Night«. Während ich den Kosmonauten bei ihren alltäglichen Verrichtungen zusehe und den Pizzastrudel gemeinsam mit einer Weißweinschorle genieße, habe ich längst aufgehört nachzudenken.
Dafür stoße ich mit den Kosmonauten auf die Schönheit des Universums an und freue mich über die lustigen Russen in ihren Raumanzügen.

Man kann aus den genannten Zutaten natürlich auch eine ganz normale Pizza machen, die Variante als Strudel ist geschmacklich jedoch eine kleine Überraschung, die man nicht mit einer »Calzone« verwechseln darf. Aus dem Pizzateig kann man ebenso Pizzabrot oder eine Foccacia herstellen. Auf jeden Fall besteht ein Pizzateig aus nichts anderem als: Mehl, Hefe, Salz und Wasser. Wer noch nie etwas gebacken und Angst vor der Zubereitung von Hefeteig hat, sollte es wirklich einmal versuchen. Es ist seit der Erfindung der Trockenhefe leichter, als man denkt. Man sollte sich den Hefeteig einfach wie einen lebendigen Organismus vorstellen, der bestimmte Sachen einfach nicht verträgt: wie zum Beispiel Zugluft! Hefe mag es gerne warm, aber auch nicht zu heiß. Zucker, Mehl und Milch sind Nährstoffe für die Hefe, können also direkt mit ihr in Kontakt treten. Fette und Salz hindern ihr Wachstum und sollten daher immer erst später zu der Teigmasse gegeben werden. Außerdem braucht Hefeteig viel Ruhe. Er braucht immer Zeit, um an einem warmen Ort aufzugehen. Dann muss er nochmals geknetet werden und schon kann man ihn weiterverarbeiten.

Teig
Mehl und Trockenhefe mischen. Nach und nach mit Knethaken warmes Wasser unterkneten, bevor der Teig abbindet. Salz zufügen. Kneten, bis ein geschmeidiger Teig entstanden ist.
Mindestens 1 Stunde an einem warmen Ort gehen lassen.

Sugo
Die Tomaten mit den Knoblauchzehen in einen Mixer geben. Leicht pürieren. Salz, Pfeffer aus der

Für den Teig
200 g Mehl

1 Päckchen Trockenhefe

150 ml warmes Wasser

1 TL Salz

Sugo
1 kleine Dose geschälte Tomaten

2 Knoblauchzehen

Salz, Pfeffer aus der Mühle

1 TL Tomatenmark

1 Spritzer Olivenöl

Für den Belag
4 Scheiben Parmaschinken

1 Mozzarella-päckchen

6 Blättchen frischer Basilikum

Mühle, Tomatenmark, Olivenöl hinzufügen und nochmals mixen.

Den Teig nach dem Gären nochmals mit bemehlten Fingern durchkneten. Länglich und sehr dünn ausrollen, sodass eine Teigbahn entsteht – wie beim Strudel.
Mit einigen EL Tomatensauce dünn bestreichen, Schinken, Mozzarella in grobe Stücke zerschneiden.
Am Ende der Teigbahn mit dem Schinken und den Mozzarellastücken belegen. Die Basilikumblätter darüber streuen. Die Ränder der Teigbahn etwa einen Zentimeter nach innen klappen und an der belegten Seite langsam und vorsichtig aufrollen.
Die Pizzarolle oben mit etwas Tomatensauce bestreichen und auf ein leicht gefettetes Backblech legen. Bei 230 °C 10 Minuten ausbacken.
Auf einem Holzbrett in Scheiben schneiden und Stück für Stück alleine aufessen.

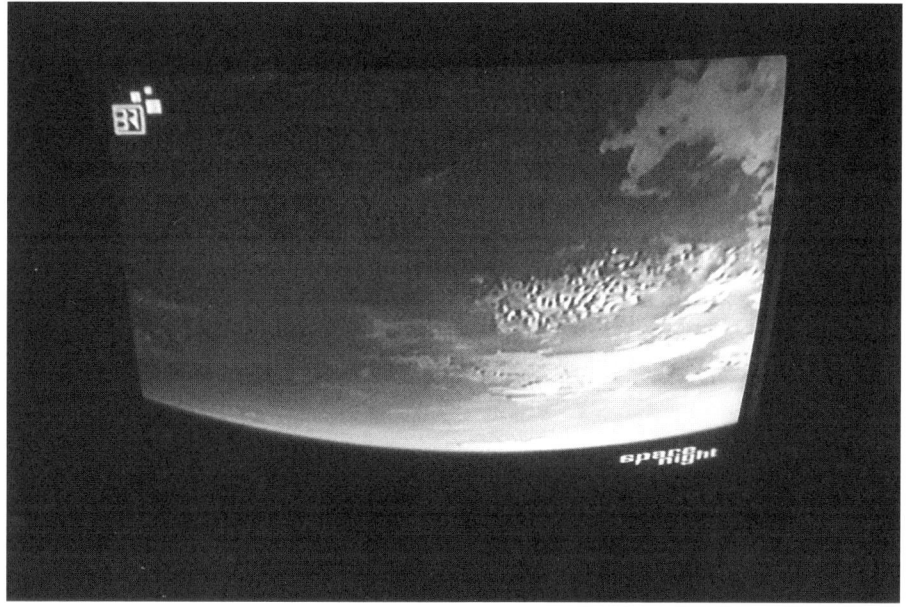

Nicht für Elefanten
Borschtsch de Wssewoloschskoy

Unsere Freundin Barbara De Koy ist eine der besten Köchinnen Deutschlands. Sie ist die Urenkelin der Großfürsten von Kiew und Smolensk und es gibt keine Tages- oder Nachtzeit, wo sie nicht aus Nichts eine Köstlichkeit zaubern kann. Leider hat sie seit ungefähr fünf Jahren jegliche Kochtätigkeit für uns eingestellt. Da sie sich weigert, für Elefanten zu kochen, bekommen wir bei ihr nichts mehr zu essen. Es ist ihr »zu schade um die guten Sachen, wenn die einfach so weggedrückt werden«. Sie ist eben eine sehr zierliche Person und war immer eine Dame. In einem Fressbuch sollte aber eines nicht fehlen: ihr original Borschtsch de Wssewoloschskoy. Er eignet sich nämlich hervorragend für die Vorbereitung großer Wodkaereignisse für Elefanten.

Alle Zutaten für den großen Topf knapp mit Wasser bedecken, mit Salz und Pfeffer würzen und kochen.
Im kleinen Topf Rindsuppe anfertigen.

Wenn beide Töpfe fertig sind, Fleisch klein schneiden und mit der Brühe in den großen Topf schütten. 2 Knoblauchwürste oder polnische Würste grob würfeln, 200 g gewürfelten, hart ausgelassenen Speck und alles in die Suppe geben. Weiter köcheln mit einem großen Stück Butter und einem noch größeren EL saurer Sahne servieren.
Dazu Piroggen und Sto Gramm Wodka.

großer Topf
1 Krautkopf

8 rote Rüben,
in Scheiben und
gestiftelt

250 g Sauerkraut

5 gelbe Rüben

eine Lauchstange

3 Zwiebeln

1 Dose Pelati (klein)

Salz, Pfeffer,
Knoblauch

kleiner Topf
500 g Suppenfleisch
vom Rind

Weitere Zutaten
2 Polnische Würste
oder 2 Knoblauch-
würste

200 g gewürfelten,
hart ausgelassenen,
knusprigen Speck

ein großes Stück
Butter

ein noch größerer
EL saure Sahne

Rote Ziege auf Toast

Man erzählt uns immer Folgendes:

»Käse und Rotwein passen nicht zusammen. Vater und Mutter hingegen schon.«

»Käse verschließt den Magen. Rotwein passt nur zu …«

Wir wissen's besser. Zwar passt Käse natürlich nicht zu einem Pomerol 1988, den wir ohnehin nur aus Beschreibungen kennen. Zu unserem Supermarkt-Barbera gibt es jedoch nichts Besseres als Ziegenkäse!

Erst den Toast leicht bräunen, dann dünn mit Butter bestreichen. Mit dicken Scheiben von der »Roten Ziege« belegen und sofort abbeißen, dann 18 Sekunden kauen. Dann einen kräftigen Schluck Barbera nehmen und nun diese herrliche Mischung aus Butter, Ziegenstall, Brot und dem Schwarzbeeraroma des Barberas so lange kauen, bis das leichte Böckeln (Geschmack nach Ziegenbock) im Mund vollständig vom Rotwein übertönt wird, und dann erst schlucken.

Beim nächsten Bissen nur 17 Sekunden vor dem nächsten Schluck Rotwein kauen.

Beim nächsten Bissen 16 Sekunden kauen usw.

Bis 1 Sekunde, das heißt dann: Abbeißen und sofort den Rotwein dazu trinken. Nicht aber das lange Durchkauen vergessen.

Man merkt, dass diese schlichte Inszenierung 18 verschiedene Geschmacksrichtungen zu bieten hat und mit Vor- und Nachbereitungen (z. B. Spülen der Geschmacksknospen mit einem Brunello) durchaus den Titel Nachtspeise verdient.

Zusammenfassung: In Einzelfällen gehören Käse und Rotwein zusammen wie Vater und Mutter vor der Scheidung.

150 g »Rote Ziege« oder einen anderen Rotschimmelkäse aus Ziegenmilch

4 Scheiben Toast

Butter

1 Flasche Barbera, 1997

Balkonesische Terrassenpasta
Nudeln mit marinierten Tomaten

Das Schönste am Sommer ist der Individualurlaub. Nachdem man sich erfolgreich vor einem so genannten Abendessen (»Muss ja nicht immer so viel sein, einfach ein Tapas oder einen Salat«) gedrückt hat, steht der Reise ins schönste Land der Welt nichts mehr im Wege. In Balkonien gibt es immer das Lieblingsgericht, die Nationalspeise ist geradezu maßgeschneidert auf die Bedürfnisse, und weder die Kellner noch die Tischnachbarn können den Genuss schmälern. Alles ist erlaubt.

Wie schon angedeutet, ist dies ein sehr sommer-liches Gericht. Man kann die marinierten Tomaten auch gut auf frisch gebackenem Ciabatta oder auf einer Foccacia essen.

Einen mittleren Topf mit Wasser zum Kochen brin-gen. Währenddessen werden die Tomaten oben kreuzweise eingeschnitten. Anschließend die To-maten portionsweise (3–4) für eine Minute in das kochende Wasser tauchen. Dann gleich unter eis-kaltem Wasser abschrecken. Nun lässt sich die Tomatenhaut leicht entfernen. Die enthäuteten Tomaten halbieren und die Kerne mit einem klei-nen Löffel entfernen. Nun die Tomaten in kleine Stücke schneiden, in eine große Salat- oder Pas-taschüssel geben. Die Knoblauchzehen darüber ausdrücken. Essig und Öl sowie das Salz dazuge-ben. Mit Pfeffer kräftig würzen. Das Ganze schön durchmischen und jetzt abgedeckt mindestens 3 Stunden bei Zimmertemperatur stehen lassen. Nudeln kochen und die heißen Nudeln in die Ma-rinade geben.

1 kg Spaghetti oder Bavette

1 kg beste reife Tomaten, die nicht aus Holland kommen

4 Knoblauchzehen

2 EL Aceto Balsamico

6 EL Olivenöl (immer extra vergine und kalt-gepresst!)

1 TL Salz

Pfeffer aus der Mühle

gehacktes Basilikum

Alles ist nichts
Gefüllte Tintenfische

MAN WILL IMMER NUR DAS BESTE FÜR SICH UND KEINER DANKT ES EINEM.

Die Tintenfischbeutel innen mit Zitronensaft beträufeln.

Für die Füllung: Sardellenfilets abspülen, trocken tupfen, klein schneiden. Den Rosmarin, die Petersilie und die Knoblauchzehen fein hacken, mit den Semmelbröseln, der abgeriebenen Schale von einer halben Zitrone und einem Ei gut vermengen. Mit Salz und Pfeffer kräftig würzen.

Die Tintenfischtuben mit dieser Mischung füllen und die Öffnung mit einem Zahnstocher verschließen.

Die so gefüllten Tintenfische mit Olivenöl bepinseln, leicht salzen und pfeffern und mit ein paar Rosmarinnadeln bestreuen.

Im Backofen in einer feuerfesten Form bei 200 °C ca. 20 Minuten garen. Oder wenn es Sommer ist, auf einen Grill legen und von jeder Seite ca. 10 Minuten grillen. Die Tintenfische blähen sich während des Garens sehr lustig auf. Sie sind fast fertig, sobald sie eine nette Grillmaserung erhalten haben.

800 g frische, mittelgroße Tintenfische bzw. lediglich die Tuben (Kalmare). Am besten schon Geputzte, beim gehobenen Fischhandel kaufen! Das Selbstausnehmen und Putzen ist eine schreckliche Sauerei!

2 unbehandelte Zitronen

2 TL frischer Rosmarin

1 Bund glatte Petersilie

1 Ei

3–4 eingelegte Sardellenfilets

2 Knoblauchzehen

3 EL Semmelbrösel

Salz, Pfeffer aus der Mühle

Olivenöl zum Bestreichen

Dampfnudel

Irgendwann hatten der tolle Bomberg und sein treuester Verbündeter, der Generalfeldmarschall von Trewitz, zur gleichen Zeit Probenschluss im Stadttheater. Kein Mensch weiß mehr, welcher von den beiden an diesem Herbsttag zuerst ein neues Leben anfangen wollte. Aber sie waren sich einig: Ein neues Leben beginnt im Waschsalon. Also schleppten der Darsteller des tollen Bomberg und der Darsteller des Generalfeldmarschall von Trewitz ihre gesamte Schmutzwäsche in einem ebenfalls mehr als gebrauchten Bettlaken die Promenade der schönen Stadt Münster entlang. Im Waschsalon hätte es auch schön sein können. Aber sie saßen da und starrten auf die gefüllten Trommeln. Drei besoffene, kahl geschorene Engländer lagen auf den anderen Bänken. Mit 27 Jahren noch keine Waschmaschine, nicht einmal eine gebrauchte – einige Jahrgangskollegen aus der Schauspielschule waren schon Seriendoktor oder Burgschauspieler oder beides und hatten dazu noch eine Wohnung in der Fußgängerzone von Wien mit einem Lift direkt in die Wohnung. Nicht Souterrain, sondern Penthouse, wohlgemerkt. Diese seltsame Gemeinsamkeit des Scheiterns, dieser versagerische Gleichklang forderten den Darsteller des tollen Bomberg so heraus, dass er plötzlich sagte: »Ich les dir jetzt was vor, das ich selbst geschrieben habe.« Und bevor der andere noch irgendeine nett gemeinte Form von »bitte nicht« oder »lass es sein« murmeln konnte, hatte er auch schon sein schwarzes, liniertes Schreibbuch aus seiner schwarzen Hose oder aus dem schwarzen Hemd gezogen, setzte sich auf die Lehne der weißen Plastikbank und begann so laut zu lesen, wie er es in der Schauspielschule gelernt hatte. Das Wummern der Waschtrommeln, das leise Ächzen der Engländer und das gleichzeitige Platzen der Konsonanten steigerten sein Gefühl, eine avantgardistische Aktion durchzuführen. Immer lauter werdend las er:
»Ein 30 Meter hoher Baum, zwei Männer, bis zu den Knien im Schnee, ziehen rhythmisch eine schwere Säge durch das duftende Holz. Der gleichmäßig dampfende Atem, das ziehende Rauschen der Säge werden durch den ächzenden Todesseufzer des Baumes und sein dumpfes Aufprallen auf der harschigen

Schneedecke jäh unterbrochen. Das weithin hörbare, noch immer versetzte Atmen der beiden Männer macht die Stille regelmäßig. Die Abendsonne wirft ihre letzten Strahlen auf die gefallenen Giganten. Plötzlich und unvermittelt steht ein Wort zwischen den beiden: Dampfnudel!«

Der Generalfeldmarschall von Trewitz wusste nicht, ob er lachen oder vielleicht ernst dreinschauen sollte. Er wollte den Darsteller des Bomberg keinesfalls noch mehr deprimieren und lenkte geschickt auf die Frage über, woher das Wort Dampfnudel eigentlich komme. Aber die zweite Frage nach der sexuellen Ausrichtung der beiden Holzfäller erübrigte sich. Denn schon die erste Antwort ging in den im Abstand von wenigen Sekunden einsetzenden Schleudergeräuschen der wippenden und tobenden Waschmaschinen unter.

SEHR WICHTIG: »warm arbeiten«. Hefe zerbröseln und in der fingerwarmen Milch auflösen, eine Prise Zucker dazugeben.

Mehl vorsichtig einrühren, bis eine sämige Masse entsteht: »Dampfl« (Vorteig). Jetzt das restliche Mehl auf das Dampfl streuen, sodass das Dampfl vollständig bedeckt ist. Nun vorsichtig das Fett und das Salz ganz am Rand des Teigbehälters dazugeben. Das Ganze mit einem Geschirrtuch abdecken und »gehen« lassen, das heißt in Ruhe lassen, bis sich das Dampfl entsprechend vergrößert hat.

Dann die Masse zu einem Teig kneten und zu einer Wurst formen. Von der Wurst werden Scheiben abgeschnitten, zu kleinen Knödeln geformt und dicht nebeneinander in die Sauce gelegt. Dann ein (Geschirr-)Tuch über die Pfanne (ersatzweise hohe Auflaufform) legen und abermals warten, bis sich die Knödel vergrößert haben. Dann im vorgeheizten Backofen bei 200 °C ca. 45 Minuten offen braten.

Serviert wird das Ganze in der Pfanne/Form und gegessen wird mit den Fingern.

Dazu passt sehr gut ein Glas eiskalte Milch oder Buttermilch. Auch ein Apfelcidre oder vergorener Apfel-/Birnensaft (»Most«) oder ein schön trockener Roséwein (Schilcher) oder ein dunkles Weißbier.

Zwingend erforderlich ist mindestens ein doppelter Zwetschgen- oder Birnenschnaps als Digestiv

PS: Er hat nachher nie wieder etwas aus seinen Werken vorgelesen.

½ Liter Milch

1 Prise Zucker

½ Päckchen Frischhefe

750 g Mehl

1 TL Salz

3 EL Öl (besser Schweineschmalz)

eventuell geschälte und geschnittene Äpfel

Für die Sauce
200 g Butter

4 EL Schweineschmalz

750 ml Sauerrahm

1 Prise Salz

O
Rührei

Wer jemals zwei oder drei große Sushisets hintereinander gegessen hat, weiß, wie lange man danach auf diese Spezialität verzichten kann. Manche Fresssäcke können danach lebenslang darauf verzichten. Nicht so bei der Eierspeise. Ein Nationalgericht, gleich nach der Frikadelle und doch nicht damit zu vergleichen! Die Eierspeise ist eine Wissenschaft, eine Philosophie! Es gibt Fresssäcke, die rühren so lange, bis das Ei hart und trocken ist, die anderen servieren die gerührten Eier noch flüssig in der heißen Pfanne. Weißer Pfeffer ist ebenso erlaubt wie schwarzer, Olivenöl, Butter, ja sogar ohne Fett ist erlaubt.

Gerade wenn man von einem anstrengenden Restaurantbesuch heimkehrt, womöglich noch Appetit auf etwas Deftiges hat oder für den angebeteten Gast kein Knoblauch in Frage kommt und dadurch eine ganze Reihe von Nachtspeisen ausfallen, empfiehlt es sich, eine Eierspeise anzubieten. Grundsätzlich besteht sie pro Person aus mindestens drei Eiern.

Das Fett in einer unbeschichteten Pfanne erhitzen (Wassertropfenprobe), die Eier in die Pfanne schlagen, Salz und Pfeffer dazugeben, kurz stocken lassen und dann mit der Gabel so lange flott rühren, bis die Speise gestockt ist. Je nach Vorliebe auch schon früher von der Hitze nehmen, damit die Speise schön weich bleibt. Dann den fein geschnittenen Schnittlauch drüber streuen und servieren.

1 EL Sonnenblumenöl

Butter

6 Eier

Salz, Pfeffer

eventuell Schnittlauch

mindestens 1 Brötchen

Weltcup
Nudelauflauf

Die Zigaretten gehören allen und die Musik wechselt ständig. Übrig geblieben sind noch eine philippinische Krankenschwester, ein betrunkener norddeutscher Taxifahrer, zwei österreichische Beleuchter und deren drei belgische Freundinnen. Jetzt eine Nachtspeise zu zaubern, die allen schmeckt, ist schwierig. Alle haben Hunger, die einen wollen Sex, die anderen schlafen und jeder braucht frische Luft und einen Schnaps. Da benötigt man etwas Deftiges, Süßsaures und gleichzeitig pikant, sättigend, leicht Verdauliches.

Erst die Zwiebeln rösten, dann das Hackfleisch dazugeben und anbraten. Es folgen alle Zutaten außer dem Thunfisch und dem Paprika. So lange garen, bis eine sämige, nicht zu flüssige Masse entstanden ist. Abschmecken! Es soll am Ende leicht süß-pikant schmecken. Nun Thunfisch und Paprika einrühren.

Die Nudeln in Salzwasser kochen.

In einem großen 8-l-Topf 5 cm gekochte Hörnchen, Bergkäse und 2 cm Sugo schichten. So lange wiederholen, bis alle Zutaten aufgebraucht sind. Zum Schluss eine Schicht Käse und das Ganze überbacken oder sofort servieren – je nach Vorlieben.

Es ist ein ideales Gericht, wenn wenig Gäste viel essen wollen.

1 kg Nudeln (kleine Hörnchen)

1 kg Zwiebeln

1 Knolle Knoblauch

3 Dosen Thunfisch

500–800 g gemischtes Hackfleisch

500 g Bergkäse geraspelt

500 ml Sahne

500 ml Tomatenpulpa (bei Bedarf mehr)

5 EL Honig

Sojasauce

Salz, Pfeffer

2–3 TL Paprikapulver, scharf

½ Tube Dijonsenf

3 EL Meerrettichpaste

reichlich frisch geriebener Ingwer

500 ml Restwein (weiß oder rot)

Vernunft
Trifle

Tatsächlich, als er vorsichtig den weißen Vorhang zur Seite schiebt, bestätigt sich seine Ahnung: Sie sitzt wieder da. Die unbekannte Frau auf dem Balkon im dritten Stock, gegenüber im Innenhof. Sie sitzt oft dort und liest oder raspelt sich die Hornhaut von den Fersen. Was hält ihn am Fenster? Es ist etwas Ungewöhnliches. Es ist nicht der Augenblick, wo sie sich unbeobachtet glaubt und kurz im Unterhemd auf den Balkon tritt, um irgendein Kleid an die Luft zu hängen. Es ist die tiefe Trauer, die einen befällt, wenn eine schöne Frau eine Portion, nein, ein Portiönchen einer in England beliebten Nachspeise zum Kühlen aufs Fensterbrett stellt. Man möchte einerseits wissen, wie so etwas schmeckt, das aussieht wie ein »Knetgummi-Kuchen«, andererseits einfach hinuntergehen und ihr einmal richtig was vorfressen, damit sie endlich weiß, was gut ist. Und sie ab sofort nicht mehr mutterseelenallein an den herrlichsten Sommerabenden ein Glas selbst gepressten Zitronensaft trinken muss. Weil es unheimlich ist, wenn immer pünktlich um 22:30 Uhr das Licht ausgeht und nie, aber auch nie, nämlich gar nie Herrenbesuch kommt. Nicht einmal »der Bruder« oder »der Cousin«. Und trotzdem diese unglaubliche Ausgeglichenheit. Eine Stimmung, die sich bis herauf unters Dach fortpflanzt und den ganzen Innenhof friedlich erscheinen lässt. Wer ist das? Er will wissen, wie sie heißt. Die Sonne scheint ihr ins Gesicht. Sie ist schön. Hastig blättert er im Telefonbuch, bis er plötzlich unter »V« die Nummer findet, die er sucht. Er hört das Freizeichen, er sieht durchs Fenster, wie sie aufsteht und vom Balkon in ihre Wohnung geht. »Vernunft, ja bitte?« Ihre Stimme ist ausgeglichen, zufrieden, nicht ärgerlich, nicht ängstlich, und auch auf die »Entschuldigung, ich habe mich verwählt«-Lüge antwortet sie nur: »Sie sind nicht der Einzige.«
Das verwirrt ihn nun vollständig, warum ist er nicht der Einzige, der sich bei ihr verwählt hat? Wer ruft sonst noch an und legt erschrocken auf, wenn er die Stimme der Vernunft hört? Dabei ist es doch nur der Familienname einer schönen Frau, die ihren Trifle am Balkon kühlt.

Auf dem Boden einer Glasschüssel eine gute Lage Kuchenreste zerbröseln. Mit Sherry beschütten, mit abgetropften Pfirsichspalten aus der Dose hübsch belegen. Eine Lage warme Götterspeise darüber geben und abkühlen lassen. Dann eine Lage duftenden, nicht zu heißen Pudding darüber fließen lassen.

Nach neuerlichem Erkalten dick mit Schlagsahne verzieren, mit frisch geriebenen Schokostreuseln bestreuen und über Nacht im Kühlschrank oder am Balkon durchziehen lassen.

Sieht prächtig aus und schmeckt noch besser! Man kann nicht mehr aufhören.

Kuchenreste von gutem Kuchen jeglicher Art

Sherry in ausreichender Menge

1 Dose Pfirsichspalten

1 Götterspeise (Jelly) in einer schönen Farbe, z. B. grün

500 ml Vanillepudding oder Schokopudding oder Fruchtpudding

250 ml Schlagsahne

Schokostreusel

Kantine
Spezialtoast

Ist man angewiesen auf die tägliche Versorgung durch fremde Menschen, so sollte man viel Vertrauen haben. Vertrauen darin, dass diese eben nicht ins Essen spucken, sich nicht mit dem Brotteig den morgendlichen Schweiß unter den Achseln wischen, keine Fliegen auf dem Käse lassen und sich regelmäßig zumindest die Hände waschen, sich die Hand beim Husten und Niesen vorhalten, Taschentücher verwenden und sich nicht während der Speisenzubereitung am Hintern kratzen, auch wenn's noch so juckt. Das alles setzen wir voraus, obwohl wir natürlich wissen, dass bei den lächerlichen paar Euro Stundenlohn sich jeder am Hintern kratzt, wenn's ihn juckt. Und wie soll man sich die Hand vorhalten, wenn's in der Nase kitzelt und man in der rechten Hand die Wurst und in der linken Hand den Käse hält.
Und wenn Sie trotzdem nicht in der Kantine essen wollen, hier das Rezept für zu Hause:

Die Toastscheiben werden jeweils beidseitig dünn mit Butter bestrichen. Alle 16 Toastscheiben mit einer Scheibe Schinken und einer Scheibe Käse belegen. Die in hauchdünne Ringe geschnittenen Zwiebeln auf nur acht Toastscheiben verteilen. Pro Toast einen milden oder scharfen Pfefferoni, ein in Scheiben geschnittenes Gürkchen und zwei dünne Scheiben Tomaten auflegen und mit frisch gemahlenem (weißem) Pfeffer bestreuen. Den Schinkenkäseteil auf einen Schinkenkäsezwiebel-gurkerltomatenteil draufpappen.
Im »Pressgriller« oder Drucktoaster so lange toasten, bis eine leicht braune Rippung auf Ober- und Unterseite entsteht. In der Zwischenzeit werden die beiden Teller mit Krautsalat, grünem Salat, Gürkchen, Ketchup und Mayonnaise garniert.

16 Scheiben Toastbrot

½ kg weiße Zwiebeln

½ kg Tomaten

1 Glas Pfefferoni

Essiggürkchen

1 Glas geschnittene Paprika

½ kg Beinschinken

600 g Scheibletten-käse

Butter

Ketchup

Mayonnaise

Krautsalat aus dem Glas

grüner Salat

Eurostar
Pfannkuchen

Nachts werden auch die Geister wach. Es zupft einen der Geldkobold am Hemd und sagt: »Na, wie lange schaffst du's noch mit deinen paar Euro?« Merkwürdig, wie schnell die Mark verschwunden ist, der Schilling sich verflüchtigt hat. Der Kobold ist hunderttausend Jahre alt, seither treibt er den Menschen täglich den kalten Schweiß auf die Stirn, rechnet in Sesterzen, Gulden und natürlich sofort in Euro. Ja, wie lange noch? Die Euros … Schon sind wir versucht, endlich die Kontoauszüge einmal zu ordnen, um einen gewissen Überblick zu erhalten. Da kommt die gute Fee beim Fenster herein und sagt: »Es gibt auch noch andere Werte.« Und ob!
Neben dem Euro gibt es einige wenige andere gemeinsame Werte, die Europa von Norden nach Süden und umgekehrt verbinden. Wobei angemerkt werden muss, dass es in Europa im Wohlstand zwar ein Nord-Süd-Gefälle gibt, in den Küchen aber ein viel deutlicheres Süd-Nord-Gefälle.
Heißt das, wer gut isst, ist arm dran, oder wer nicht gut isst, hat ein schöneres Auto? Na ja, es gibt wie gesagt schon einige gemeinsame Werte, zum Beispiel die Pfannkuchen, die als Crêpes, Palatschinken, Crespelle oder pan cakes zwar unterschiedlicher nicht heißen könnten, aber in allen auftauchenden Formen Europameister sind.

Das Mehl mit der Milch zu einem glatten Teig versprudeln, salzen und die Eier einrühren. 30 Minuten ruhen lassen. In einer Pfanne ein wenig Fett (am besten etwas Butter und Sonnenblumenöl gemischt) heiß werden lassen, mit einer mittleren Schöpfkelle Teig hineingießen und diesen durch Drehen der Pfanne so verlaufen lassen, dass die ganze Pfanne mit einer dünnen, gleichmäßigen Schicht bedeckt ist. Am Rand noch etwas Fett zufließen lassen und die Pfannkuchen bei guter Hitze anbraten. Erst wenn sie sich mit der Schaufel lösen lassen, wenden und dann auf beiden Seiten hellbraun backen.

Dann mit der erwähnten Aprikosenmarmelade oder mit dem Rosinenquark (S. 190) bestreichen, zusammenrollen und mit Puderzucker bestreuen. Oder mit verschiedenen sauren Füllungen (siehe S. 64) füllen.

200 g Mehl

2 Eier

500 ml Milch

Salz

Fett

Für die süße Variante
z. B.: Aprikosenmarmelade (selbst gemacht mit Marillenschnaps)

Puderzucker

Monte Cipolla
Zwiebelberg auf Tiefkühlpizza

Qualität ist der festgestellte Wert oder die Güte einer bestimmten Sache oder Dienstleistung. In die Praxis umgesetzt bedeutet dies, man kann den Honda Civic rot anstreichen und die Reifen so schnell wechseln wie bei einem Ferrari. Fühlt man sich einmal als Mitglied des diplomatischen Corps, wird stehend schwarzer Seehasenrogen und Rotkäppchensekt zur Tagesschau eingenommen. Jetten wir aber nach Italien, so führt der Weg immer über den Monte Cipolla.

Die Pizzen aus der Verpackung nehmen. Jeweils zwei Dosen Thunfisch auf eine Pizza eher mittig verteilen. 900 g Zwiebeln in hauchdünne Ringe schneiden und die gesamte Pizza so bedecken, dass in der Mitte ein kleiner Berg entsteht.

Mit den Gewürzen bestreuen und so lange im Rohr/Pizzaofen backen, bis der Saft aus den Zwiebelringen rinnt.

2 große Tiefkühlsteinofenmargerithapizzen

4 Dosen Thunfisch mit Öl

1,8 kg weiße Zwiebeln

Oregano

Basilikum

Salz, Pfeffer

FDH – Friss dich hoch!
Kartoffelpüree mit Lachs und Trüffelöl

Zum Beispiel Minna von Barnhelm, nach der zweiten Vorstellung. Die Kritiken, egal ob gut, ob schlecht, sind immer zu gut oder zu schlecht. Niemand gibt's zu, alle sind beeinträchtigt. Monatelange Arbeit zersplittert in wenigen Augenblicken. Der Intendant kommt und streicht nach der überraschenden Flucht des Regisseurs persönlich die erste, dritte, neunte und zwölfte Szene, weil in den Kritiken stand … Alle pflichten ihm bei. Bis auf den Feldjäger. Der hat nur zwei Sätze, und wenn ihm einer gestrichen wird, ist die Hälfte der Rolle weg.
Und dafür drei Jahre Hochschule für Musik und darstellende Kunst und acht Wochen Proben, bei denen der Regisseur, »um das Ensemble zu stärken«, darauf bestand, dass immer alle Schauspieler auf der Bühne sind. Das hat er nämlich im Fernsehen gesehen. Bis zur Premierenfeier sind ja alle noch nett, weil man zu Kleindarstellern einfach nett ist, sonst bringt das Unglück (außerdem sind sie keine Konkurrenz). Gute und schlechte Kritiken, immer ist der Darsteller des Feldjägers erwähnt, aber nur unter dem gemeinsamen Pseudonym aller Kleindarsteller: Upunktvaupunktapunkt. Nach der zweiten Vorstellung allerdings weiß schon keiner mehr den Namen vom Feldjäger, hieß er Hans oder Franz. Dann der kritische Blick des Garderobiers, weil er die Hose nicht schön genug zusammengefaltet hat. Der Feldjäger will nichts wie raus aus dem Theater. Niemand ist da. Nur die fliehende Souffleuse, die schon viel bessere Aufführungen und den Bruno Ganz als Feldjäger gesehen hat. Allein auf der Straße, in einer Kneipe einige Biere und Würste und Brote und dann nach Haus. Doch es geht weiter, der säuerliche Geschmack am Gaumen, der beim Heulen entsteht, ist noch da. Jetzt ist der Moment: FDH – Friss dich hoch!
Das Trüffelöl? Ist da. Das Instant-Kartoffelpüree? Nicht abgelaufen. Der Lachs? Erst drei Tage drüber, riecht aber noch gut. Nicht einmal die Milch ist sauer. Schon beim Einrühren des Püreepulvers in die Milch steht der Weltkarriere oder zumindest dem Schauspieler des Jahres nichts mehr im Wege.

Kartoffelpüree laut Packungsanleitung zubereiten. Mit Trüffelöl übergießen und mit den leicht vorgewärmten oder kalten Lachsscheiben bedecken.
Dazu eignet sich besonders gut ein steirischer Weißburgunder oder ein Riesling Smaragd Ried Kellerberg 1997 von F. X. Pichler oder bei starker abendlicher Alkoholisierung kaltes Leitungswasser.

1 Packung fertiges Kartoffelpüree

die darauf angeführte Menge an Milch

200 g mild gebeizter Lachs oder einfach geräucherte Lachsscheiben aus dem Supermarkt

3 EL Trüffelöl

Alleskönner

Pesto

Es gibt Menschen, die können alles. Und das auch noch gut. Ich zum Beispiel –
Ich habe einen guten Freund, der ein hervorragender Arzt ist und so ganz
nebenbei auch noch einen Segelschein macht. Er lernt die unzähligen Schiff-
fahrtsregeln einfach in zwei Wochen auswendig Es gibt auch Leute, die be-
herrschen acht Sprachen, darunter mindestens eine so schwierig wie Russisch,
die können exzellent schweigen und einfach zuhören. Oder die ewig Schlan-
ken, die ungemein viel essen können und einfach nicht dick werden.
Tja, ein wenig möchten wir auch so sein. So ausgeglichen oder so vernünftig
oder so weise oder so erfolgreich oder so sprachgewandt oder so schön … Ja
ja, und dann erinnern wir uns an den Sturz mit dem Fahrrad und das Geläch-
ter der anderen Kinder und den mitleidigen Blick der Alleskönner und spüren
nicht unsere wunden Knie, sondern den vom Neid aufgeschürften Stolz. Die
Salbe, die wir auf diese offene Wunde streichen, heißt Pesto, denn das kann
auch sehr viel.

Wer jemals sein Pesto selbst gemacht hat, wird nie wieder, höchstens in größter Not, auf die fertigen Saucen gleichen Namens aus dem Supermarkt zurückgreifen. Mindestens einmal im Sommer machen wir uns unser Pesto, füllen einige Gläser voll damit und haben stets, wenn wir unter Ideenmangel leiden, die Lösung bereit.

Zunächst ist Pesto sehr einfach zuzubereiten, es ist auch für Vegetarier geeignet, man kann es auf getoastetes Brot streichen, in Gemüsesuppen einrühren, besonders elegant ist es, einige Löffel Pesto unter die Haut eines Brathähnchens zu schieben und einfach mitzugaren. Man kann Pizza mit Pesto beträufeln, Fischfilets damit bestreichen und grillen. Und natürlich der Klassiker: Pesto und Pasta. Da es eine sehr dickflüssige Creme ist, empfiehlt es sich, etwas von dem heißen Nudelwasser beiseite zu stellen, womit das Pesto am Tisch auf dem Teller verdünnt werden kann.

Am großartigsten entfalten sich die Aromen, wenn man das Pesto in einem großen Mörser zubereitet und wirklich per Hand zerreibt und vermischt. Für Eilige geht es natürlich auch in einer elektrischen Küchenmaschine.

Die Pinienkerne in einer heißen Pfanne ohne Öl anrösten, bis sie leicht braun werden. Die beiden Käsesorten raspeln. Die Basilikumblätter abzupfen. Knoblauch schälen. Alles zusammen in den Mörser geben und mit dem Stößel zerkleinern. Nach und nach Olivenöl und Salz zugeben, bis eine sämige Masse entsteht.

In Gläser abfüllen und so viel Öl nachfüllen, dass das Pesto gut bedeckt ist. In den Kühlschrank stellen.

2 Bund Basilikum

100 g Parmesan

100 g Pecorino

100 g Pinienkerne

6 Knoblauchzehen

1 TL grobes Meersalz

mindestens 500 ml allerbestes Olivenöl

Kalter Reis mit Harissa

Es ist ein ganz normaler Abend wie immer. Die Kinder spielen mit ihren Freunden, und die Vorbereitungen fürs Abendessen laufen auf Hochtouren. NUDELN mit KETCHUP – so der Wunsch – und so soll es auch sein. Auch Kinder können richtig fressen. Es läutet, die Mutter der Nachbarskinder kommt, um diese abzuholen. Natürlich wird ein Glas Wein angeboten und eines für den Koch. Es ist zwar schon das vierte, schmeckt aber trotzdem. Wirklich kein schlechter Wein. Sie ist durstig und trinkt noch ein Glas. Die Kinder spielen und der Koch hat endlich einen Menschen, mit dem er reden kann. Sie erzählt immer die gleichen Sachen. Ja, sie bleibt auch zum Essen. Kurz denkt der Koch nach, ob dann auch noch für ihn selbst genug da ist, und während er das denkt, sieht er seit 13 Jahren zum ersten Mal, dass seine Nachbarin eine Frau ist. Wie eine Frau, denkt er, eine Frau so richtig mit Schultergelenk und Ellenbogen und anderen weiblichen Merkmalen. Schön, denkt er, als er den Nudeltopf auf den Tisch stellt. Jetzt fasst sie sich mit ihrer Hand an den Nacken. Genau an die Stelle, wo der Koch eben hingesehen hat, und tatsächlich, sie hat auch einen Nacken. Der Koch ist verunsichert, und während er das Ketchup mit einem lauten, unappetitlichen Geräusch aus der Ketchupflasche herausdrückt, steht sie daneben. Auch das Parfüm, welches ihm sonst immer so ordinär erschien, duftet plötzlich nach BASILIKUM. MOZZARELLA, denkt er unwillkürlich, als sie ihre Bluse auszieht und nackt vor ihm steht. Nein, es war nur die Weste, nicht die Bluse, und sie ist auch nicht nackt. Unter ihrer Bluse würde sie sicher wie frischer Mozzarella aussehen. Vielleicht sollte er doch langsam eine Abmagerungskur machen? Während sie noch immer etwas erzählt, fühlt er plötzlich unter dem Tisch ihr Knie neben seinem. Ist es das Knie? Ist es unabsichtlich? Nein, das Knie lehnt vertraut und entspannt an seinem Knie. Es wird ihm heiß. Er merkt, dass sein Atem tiefer wird und er sich eine riesige Portion Nudeln nimmt. Er erzählt von einer Speise, die aus KALTEM REIS, HARISSA, TOMATENPULPA, PARMESAN und ANDEREN GEWÜRZEN zusammengestellt wird. Er streut sich Parmesan über die für die

Kinder gedachten Nudeln, erzählt, dass Harissa kein Mädchenname, sondern eine Chilipaste ist. Er hört sich reden und essen gleichzeitig. Er ist so unsicher und aufgewühlt, dass er sich auch noch an einer Nudel verschluckt. Aber er lässt sein Bein stehen und drückt nur ganz leicht gegen ihres. Sie muss es wahrnehmen. Nichts! Sie tut, als spüre sie nichts. Ohne dass er es beeinflussen kann, hört er sich jetzt richtiggehend schnaufen. In einem grauenhaften Moment von Selbstverrat wünscht er plötzlich, schlank zu sein, und nimmt eine noch größere Gabel voll, streut noch mehr Parmesan drüber und mampft die Nudeln weg, dass es nur so spritzt. Die Nachbarin scheint gar nicht irritiert. In seiner Aufregung ist ihm allerdings entgangen, dass alle Kinder dastehen und ihm beim Essen zusehen. Sie kichern vor Vergnügen. »Seht ihr, Kinder, so soll man auf keinen Fall essen«, sagt er laut, »ich wollte euch das nur zeigen.« Als die Kinder auch Nudeln essen wollen, weil das eben so lustig ausgesehen hat, sind keine mehr da. Die Nachbarin sagt schnell: »Ja, dann danke, wir gehen jetzt.« Er bedauert es zutiefst, dass er den Kindern jetzt alles weggegessen hat. Der Koch bietet HONIGBROTE, WURSTBROTE und POMMES FRITES an – alles umsonst. Ein kurzes »Tschüs« und weg ist die Nachbarin. In diesem Augenblick kommt seine Frau nach Hause. Er umarmt sie herzlich. Was wäre gewesen, wenn er vorhin keine Nudeln gehabt hätte? Dann wäre es sicher passiert: Den Kindern ein Video eingelegt, die Nachbarin ins Schlafzimmer begleitet und – Mozzarella hin oder her – dann wäre seine Frau nach Hause gekommen und, und, und … Aber so hatte er eine entscheidende Erfahrung gemacht, nämlich dass durch bloßes Essen Ehen gerettet werden können.

gekochter, kalter, alter Reis vom Vortag	Zutaten vermischen.
Harissa-Paste	
Tomatenpulpa (püriertes Fruchtfleisch von Tomaten)	
tiefgekühlte Mischung von italienischen Kräutern	
Parmesan	
Salz	

Stille Nacht
Bratwürste mit warmem Kartoffelsalat

Manchmal sind die Tage so kurz und voller anstrengender Tätigkeiten, dass die Nacht uns eine sichere Insel ist. Auf sie steuern wir den ganzen Tag hindurch zu, denn weder kommt der Briefträger mit lästigen Einschreiben, noch müssen die Kinder vom Freund Stefan abgeholt und zur Freundin Britta gebracht werden. Man kann nicht Staub saugen, Bilder aufhängen, Wäsche waschen, bügeln oder sonst wie nützlich die Zeit totschlagen. Die Nacht gehört ganz allein uns und unseren Speisen. Manchmal haben wir sogar Zeit, uns noch eine Kleinigkeit warm zuzubereiten. Heute Nacht Bratwürste und Kartoffelsalat.

4 Brat- oder
Grillwürste

1 kg Kartoffeln

100 g Bauchspeck

2 große Zwiebeln

1 l Rinds- oder
Kalbsknochensuppe
(Hier eignet sich
auch ein einfacher
Suppenwürfel.)

8 EL Sonnen-
blumenöl

4 EL Weinessig

2 Bund Radieschen

2 Bund Schnittlauch

1 Knoblauchzehe

Kartoffeln kochen. Parallel die Bratwürste bei mittlerer Hitze braten. Die Kartoffeln noch warm in Scheiben schneiden. Den in Würfel geschnittenen Speck glasig anbraten, fein gehackte Zwiebeln dazugeben und mit Suppe aufgießen, würzen und den Salat damit übergießen. Dann blättrig geschnittene Radieschen, Essig und Öl untermischen. Wichtig: Zügig arbeiten – die Bratwürste sollen gleichzeitig mit dem Kartoffelsalat fertig werden.
Dazu gibt's nur Jever Pils oder irgendein anderes Bier.

Die Versuchung

Sein Leben verlief jetzt in geordneten Bahnen. Fünf Kilo hatte er schon dank der Trennkost abgenommen. Trennkost war genau das Richtige für ihn, mittags eine Eiweißnahrung und abends dann erst die Kohlenhydrate. Der unschlagbare Vorteil: Er durfte so viel essen, wie er wollte. So kurz vor Ostern, dachte er, war es doch eine gute Gelegenheit für diese weiche Fastenkur. Irgendwie hatten die alten Religionen Recht. Die Natur würde bald wieder erwachen, alles würde frisch und zart und rein sein. Als geschähe dies zum ersten Mal: Frühling, zarte Knospen, laue Luft mit einer übervollen Würze, die ganze Welt ein helles klares Lachen. Und sein Körper würde auch leichter sein und die Schlacken des Winters würden weichen, um die leichte sonnige Welt genießen zu können. Hatten nicht auch alle großen Religionsstifter zuvor gefastet, ehe sie ihr großes Initiationserlebnis hatten? Gab es nicht auch bei den Schamanen der Naturvölker ein ähnliches Verfahren? Die Krise als Neubeginn, das Fasten als Reinigung, gleichsam Erneuerung und Verjüngung. Mit diesen friedlichen Gedanken saß er mittags über seinem Steak, rosa gebraten, dazu hatte er eine große Schüssel mit frischem Salat gemacht.

Eva war shoppen, Luisa in der Schule. Er musste leider vor ihnen essen, da er sich strikt an die vorgegebenen Zeiten hielt. Zudem hatte er das Frühstück ausfallen lassen. Er würde Eva dann später das zweite Steak frisch braten. Kurz bevor er das saftige Rindersteak anschneiden wollte, überlegte er, was der Metzger noch mal gesagt hatte, als er ihn fragte, woher das Fleisch stamme? Argentinien? Oder war es doch aus Deutschland? Vergessen. Vielleicht war es von einem spanischen Stier, der im Kampf in der Arena zu Tode kam. Er schmunzelte bei diesem Gedanken und sagte leise zu sich: Toro! Nun gut, dann will ich dich mal aufspießen, scherzte er mit sich, stieß die Gabel hinein, setzte das Messer an, als das Telefon diese kleine intime Szene unterbrach. Soll ich rangehen? Das Steak könnte kalt werden. Vielleicht war es ja Eva, die fragen wollte, ob sie ihm noch etwas mitbringen soll? Sellerie, er würde gerne am Abend eine feine Selleriesuppe machen, mit sehr viel Sellerie.

Es war sein alter Freund Anatol, der gleich lossprudelte, um sein langes Sich-nichtmelden zu überspielen. Er sagte, dass er wieder einmal nach Spanien wolle über Ostern, er hätte da sehr günstige Flüge bekommen, eigentlich war das eine Einladung für seine Frau Helga, die jetzt aber überraschenderweise beruflich nach Japan müsse. Er wolle die Tickets nicht verfallen lassen und alleine da runter wäre doch langweilig, ob Adam nicht Lust und Zeit habe mitzufliegen. »Du wolltest doch immer schon einmal die Stierkämpfe sehen«, lockte Anatol, für die er übrigens auch schon Karten hatte, und das sei ja sowieso nichts für Frauen. Zu blutig! Dann erwähnte er noch die herrlichen Tapasbars und die wunderbaren Riojas. Sevilla im Frühling – ein einziges großes Fest! Die Feria, die Semana Santa mit ihren schweigenden Kapuzenmännern und den Straßen, wo man die eigenen Schritte nicht mehr hören kann, weil die Pflastersteine mit dem Wachs der Büßerkerzen überzogen sind …

Beinahe hätte Adam ohne zu zögern ja gesagt, doch er wusste, Anatol war ein großer Fresser, hemmungsloser als er, ein Verführer in der Wüste, in der er sich doch gerade befand. So verlockend das Angebot war, so gefährlich war es auch. Er dachte an die wenigen Kilos, die er sich abgerungen hatte, aber er wollte Anatol auch nicht vor den Kopf stoßen und schon gar nicht von seiner Kur erzählen.

Dafür würde Anatol nur ein mitleidiges Lächeln übrig haben.

»Ja, weißt du, ich trinke im Moment keinen Alkohol. Und Eva muss ich natürlich auch noch fragen, ob sie …«

»Ja, ja musst ja keinen Alkohol trinken. Dann trinke ich den geilen Rioja eben allein … aber so einen Stierkampf muss man mal gesehen haben … ein Tanz mit dem Tod, Blut im Sand und eine Stille in der Arena, wenn der Matador ganz leise ›Toro‹ sagt, dass es dir kalt den Rücken runterläuft.«

»Ja gut, ich werd's mit Eva besprechen.«

»Beeil dich aber, ich kann sonst die Tickets nicht mehr umbuchen. Übrigens, wie hieß dein Lieblingsautor, als du 19 warst? Ich sag's dir: Hemingway.«

Aufgelegt. In Gedanken versunken, hin und hergerissen, begab Adam sich wieder zu seinem Steak. Hemingway – er hatte Recht. Obwohl, Hemingway war doch eher in Pamplona gewesen. Mit Übergewicht und schütterem Haar sich von einem Stier durch die engen Gassen treiben zu lassen, nein, das nicht mehr, aber aus sicherer Entfernung zuschauen, schon. Die Fastenzeit würde ja Ostern sowieso beendet sein. Sodass er ohne schlechtes Gewissen ruhig auch ab und zu wieder ein Glas von dem köstlichen Rioja würde probieren dürfen.

Auf dem Teller vermengten sich nur mehr ein paar Fettaugen mit dem Blut von seinem Steak. Toro! Eva würde mit Sicherheit verstehen, dass er mit seinem alten Jugendfreund an alte Zeiten anknüpfen und auf Hemingways Spuren vergangene Tage wieder heraufbeschwören wollte.

Auch Eva spürte schon das nahende Frühjahr, sehr frisch und lebendig kam sie herein, gleich ihre Neuerwerbungen auspackend und die Bluse vor sich haltend, fragte sie: »Na, wie gefällt sie dir? Ich fand die Blumen so hübsch.«
»Mmmh. Sehr sexy.« Wie sollte er es ihr sagen? Sie schmiegte sich lächelnd an ihn. »Toll siehst du aus, man sieht's schon im Gesicht, dass du abgenommen hast.«
»Ach echt? Aber Luisa kommt doch gleich aus der Schule … und … ich wollte was mit dir besprechen.«
Sie war ein wenig enttäuscht, aber auch gespannt, welche Überraschung er bereithielt.
»Ich würde gerne nach Sevilla fahren. Zum Stierkampf.«
»Oh wie schön, Luisa kann ja nächstes Jahr entscheiden, ob sie Französisch oder Spanisch als zweite Fremdsprache lernen möchte. Vielleicht fällt ihr die Entscheidung leichter, wenn wir einmal da unten waren. Immerhin ist Spanisch ja eine Weltsprache und sie hat dann die Möglichkeit, später einmal in z. B. Lima zu studieren.« Das war einer ihrer Scherze.
Sie machte es ihm sehr schwer, er musste nun ganz von vorne anfangen. Er hörte sich von dem Telefonat mit Anatol erzählen, und dass es um Stierkampf ginge, um Hemingway und um alte Zeiten. Und das wäre doch für sie recht langweilig. Und der Stierkampf sicherlich auch zu blutig. Und sie könnten, wenn Sevilla wirklich so schön sei, wie Anatol immer erzählt, die gemeinsame Reise zu Pfingsten nachholen.

Im Flugzeug schwärmte Anatol ihm von der Bar »La Mujer« vor. Venusmuschelsalat, der Venusmuschelsalat wäre dort ausgezeichnet und dazu ein Sherry, natürlich der mit dem Stier. Und zwischendurch ein paar Tostadas con ajo … »Gleich wenn wir im Hotel eingecheckt haben, müssen wir dahin.«
Adam konnte sich noch nicht so richtig freuen, Eva war natürlich enttäuscht gewesen, aber was hätte er machen sollen. Dies war eine Männerreise und keine Familienreise. Für Luisa wäre der Stierkampf viel zu brutal gewesen und Eva wollte so ein Abschlachten erst recht nicht sehen. Doch Anatol und

Adam hatten sich vor langer Zeit versprochen, einmal zu den Stierkämpfen nach Sevilla zu fahren.

Als sie das Flugzeug verließen, blies ihnen eine angenehm warme, mediterrane Brise entgegen. Sie mussten ihre Jacken ausziehen. Denn hier war schon Frühling.

Ihr Hotel lag mitten in der Altstadt von Sevilla, also sehr günstig, egal in welche Richtung man ging, nach spätestens 50 Metern stand man vor einer Tapasbar. Die Zimmer waren schnell bezogen und die erste Tapasbar erreicht. Adam hatte Bedenken, so schnell wollte er seine guten Vorsätze nicht aufgeben. Er gestand Anatol, dass er seine gerade erfolgreich begonnene Trennkost unbedingt auch in Sevilla fortsetzen wolle.

»Na klar machen wir Trennkost! Gleich wenn wir den herrlichen Venusmuschelsalat aufgegessen und den kühlen feinen Weißwein ausgetrunken haben, trennen wir uns von dieser Lokalität. Denn jede Tapasbar hat ja ihre ganz eigene Spezialität.«

Es war aussichtslos. Gegen diese Verlockungen gab es keinen Widerstand. Adam kam sich auch ein wenig lächerlich vor, ausgerechnet im Schlaraffenland Trennkost, schließlich gibt es ja auch noch die Kreta-Diät mit Fisch, Rotwein und Olivenöl.

Es war wohl in der siebten Tapasbar, der Casa Blanca, nach ungezählten Sherrys, Weinen und Brandys, als Adam selbst die Kreta-Diät vergessen hatte.

»Wirklich lecker meine Tintenfischringe in Tomatensauce, gut, dass du mich dazu überredet hast, Anatol.«

»Das sind keine Tintenfischringe, das ist noch was viel Feineres!«

»So?«

»Orejas, das sind Schweinsöhrchen. Klasse, oder?«

Adam war nun klar, er musste ins Hotel zurück. Die leichte Übelkeit konnte nur durch Schlaf besiegt werden. Der Flug, die warme Luft, die Weine, die Tapas – Hemingway brauchte für den nächsten Tag noch Kraft für das Eigentliche: den Stierkampf.

Die Aspirintablette vollführte einen lustigen Tanz in ihrem Glas und die Bläschen, die aufstiegen, platzten an der Oberfläche so laut, als wären sie ein applaudierendes Publikum. So so, dachte Adam, noch im Bett liegend, hier beherrscht sogar eine Brausetablette Flamenco. »Desayuno! Frühstück!«, hämmerte Anatol an der Tür. Der schwarze Kaffee und die kräftige Tortilla mit Jamon wurden schweigend eingenommen. Männer essen schweigend, dachte Adam und sah die munter plaudernden Spanier vorwurfsvoll an. Bald darauf hatten sie in ihren feinsten Anzügen in der Maestranza von Sevilla Platz genommen: Die Sonne stand schon leicht im Westen, und die 20.000 Besucher wirkten durch die Fächer der Frauen und die wedelnden Hüte der Männer wie ein riesiger Schwarm prachtvoller Schmetterlinge. Das Blasorchester spielte einen Paso doble und ein alter Mann trug eine große Kreidetafel durch das Rund der Arena mit den Namen der Ganaderos, der Stierzüchter. Die Parade der Toreros hatte die höchsten Erwartungen in den folgenden Kampf geweckt. Der Matador nahm die Muleta und ging zur Porta de Toros. Wenige Meter vor dem tiefrot gestrichenen Tor kniete er sich auf den Boden. Es war so still, dass man das Schnauben des Stieres hinter dem Tor hören konnte. Jetzt nickte der junge Mann leicht und im selben Augenblick sprang das Tor auf. Dieser unglaubliche Moment war schöner und wilder, als Adam es sich je erträumt hatte. Ein schwarzer Stier mit einem roten Fähnlein im Nacken kam mit einer unbändigen Kraft in die Arena gestürmt. Nur der Bruchteil einer Sekunde entschied über Leben und Tod des waghalsigen Toreros. Er sprang hoch und die Hörner des schnaubenden Ungeheuers bohrten sich in die Leere hinter der Muleta.

Anatol reichte Adam jetzt eine dicke Zigarre und sie pafften stumm den milden würzigen Rauch in den tiefblauen Aprilhimmel, der in einem kreisrunden Ausschnitt über ihnen lag. Die strahlende Musik, das schnaubende Pferd, die tänzelnden Mandrilleros, die grotesk glitzernden Kostüme – alles war wie eine wunderschöne Operette, an deren Ende nur eines sicher echt war: der Tod. Adam und Anatol blickten sich kurz und stumm an.

Als Adam sich wieder dem Geschehen in der Arena zuwandte, sah er zum ersten Mal das Gesicht dieser jungen Frau. Meinte sie ihn? Adam blickte sich um, doch da war niemand, der ihr zurücklächelte oder ihren Blick erwiderte. Was wollte sie? Sie wandte sich wieder ab, doch sie schaute nicht in die Arena, sondern barg das Gesicht in ihren Händen. Hatte sie Sorge um den Stier oder um den Torero? Sie sah nicht auf, auch nicht, als nach dem Picador und den Mandrilleros nun wieder der Matador dem blutüberströmten Stier gegenübertrat. Sie sah nicht dessen elegante Bewegungen, wie er fünf, sechs Mal hintereinander den Stier ganz knapp an seinem Körper vorbei führte und ihn immer wieder aufs Neue mit der Muleta zu einer Drehung um sich selbst herausforderte. Das begeisterte Publikum erlebte einen makellosen Tanz zwischen Mensch und Tier. Plötzlich war es in der Arena so still, dass man den Matador sagen hörte: »Toro!« Aber die junge Frau hob ihren Blick auch nicht, als der Stier wie gebannt vor dem Matador stand, der nun ganz langsam mit seiner Waffe zielte und dem schwarzen Tier das Schwert bis zum Handgriff in den Kamm rammte. Der Stier blieb regungslos stehen und mit seinem letzten Atemzug stieß er eine Blutfontäne in den rötlichen Sand. Erst als sie den Jubel der Menge hörte, sah die Frau erleichtert auf. Während der wunderschöne tote Stier von sechs bunt geschmückten Maultieren unter dem Jubel der Besucher aus der Arena geschleift wurde, fiel die ganze Spannung von ihr ab. Erleichtert jubelte sie dem Torero zu.

Nach dem Schlussapplaus suchte Adams Blick die unbekannte Schöne noch einmal, doch sie war verschwunden, der Platz 4387 war leer.

»Wo haben wir gestern aufgehört? Casa Blanca, oder? Die Schweinsöhrchen.« Adam war noch ganz benommen von den Erlebnissen.

»Ja, lass uns noch mal ins Casa Blanca gehen«, sagte er sehr männlich und wunderte sich über die noble Verachtung in seiner Stimme. »Ich konnte die Schweinsöhrchen gestern nicht mehr so richtig genießen.«

»Vielleicht sollten wir heute gleich mit einem spanischen Brandy starten?« Sie erzählten sich den Stierkampf nochmals in allen Einzelheiten, während sie vorbei an den Orangenbäumen wieder ins Zentrum gelangten. Traditionell kostümierte Frauen standen an den Bushaltestellen oder fuhren mit Vollvisierhelmen auf knatternden Motorrädern. Die Feria machte aus der ganzen Stadt ein riesiges Volksfest. Diesmal reichten die Köstlichkeiten der einen Bar, um ihren Hunger zu stillen, und als Adam sich mit der Serviette die Hose vom verschütteten Brandy trocken wischen wollte, sah er plötzlich in diese Augen, zwei Seen, ja Maare, die bis in den Mittelpunkt der Erde reichten. War er schon betrunken? Nein, das war die Frau aus der Arena. Was geschah mit ihm? Eva, Luisa, wo seid ihr? Die Frau winkte ihm. Er blickte zu Anatol, der sich bereits still getrunken hatte. Sie stand auf, ging ein paar Schritte und wartete auf Adam. Sie blickte ihn immer wieder so herausfordernd an. Diese seidigen schwarzen Haare und diese braunen Augen. Oder war's umgekehrt? Er musste ihr folgen. Schwarze Flagellanten, schweigende Wesen, Weihrauchnebel und die eigenen Schritte nicht mehr hörbar durch das Wachs der tausend Büßerkerzen … Sie ging voraus bis zu einem Haus mit meterhohen vergitterten Fenstern. Paradiso war noch schwach zu lesen. Eine Pension? Sie lächelte ihn an, er konnte ihren Atem spüren und vernahm ihren Duft. Sie duftete nach etwas, an das er sich schon beinahe nicht mehr erinnern konnte, weil es so lange her war. Sie führte ihn in die kleine Pension, nahm ein paar Schlüssel aus dem Regal und geleitete ihn die Treppen hoch. Was sollte er sagen? Er konnte doch kein Spanisch. Sie schloss eine Tür auf. In das kleine saubere Zimmer fiel ein fahles Licht durch die geschlossenen Läden. Hatte Anatol das alles eingefädelt?

Nein, nein, das konnte nicht sein. Sie war doch so rein, so makellos. Woher kam diese Fee? Sie ging hinter einen Paravent und begann sich auszuziehen. Adam war sprachlos, doch seine Hemmungen lösten sich und alles wurde ihm zu eng. Er wollte diese Weste ausziehen, doch es ging nicht, es waren so viele kleine Knöpfe. Sie kam nackt auf ihn zu und sagte leise: »Te ayudo«. Er war betäubt von diesen Augen und jetzt im Gegenlicht so nah bei ihm entdeckte er auf ihrer Stirn eine winzige Narbe, die ihre Schönheit noch mehr hervorhob. Sie half ihm die obere brokatbestickte Weste auszuziehen. Er wunderte sich, warum diese Weste so unglaublich eng war. Dann die Unterweste mit den vielen Knöpfen. Er blickte an sich herunter: Er hatte rosafarbene Strümpfe an und Schuhe wie ein Ballettmeister und dazu diese farbenprächtige Weste. Sie stieß ihn auf das Bett mit seinen frischen Laken, um ihn besser ausziehen zu können. Sie legte sich auf ihn und flüsterte ihm ins Ohr: »Was gibt es denn heute zu essen, Liebling?« Verdutzt blickte er sie an.

»Was?«

»Was es heute zu essen gibt, habe ich gefragt!«

Verlegen lächelte er. »Du sprichst ja deutsch?«

»Was ist denn mit dir los? Natürlich spreche ich deutsch. Na toll, ich zeige dir meine neuen Sachen und du liegst da auf der Couch und schläfst«, sagte Eva.

»Nein, nein, ich hab nicht geschlafen. Ich hab nur überlegt, wie ich dir dein Steak mache, das ich für dich noch im Kühlschrank habe. Well done oder blutig?« Damit ging er etwas verwirrt in die Küche, er war fest entschlossen, Anatol abzusagen …

Fingerfood

Am PC.

1. Aufstehen vom Computer: ein Glas Grüntee mit Zitrone.

2. Aufstehen vom Computer: eine Kiwi und eine Orange.

3. Aufstehen vom Computer: eine Banane und noch eine Banane.

4. Aufstehen vom Computer: Geleefrüchte von Hofbauer, jede Sorte einmal probieren und den »Sieger« zweimal.

5. Aufstehen vom Computer: zwei mit Kirschmarzipan gefüllte Rebertörtchen.

6. Aufstehen vom Computer: ein Stückchen Weißbrot mit scharfem Senf.

7. Aufstehen vom Computer: eine Scheibe Kochschinken, teilweise dick bestrichen mit Ketchup und Mayonnaise, ein Essiggürkchen, eine Kirschtomate.

8. Aufstehen vom Computer: einige Erdbeeren, in Kristallzucker gewälzt.

Dann einen doppelten Marillenschnaps und an die frische Luft …

love me tender

Der alte Elvis im Radio.

Love me tender, love me sweet ….

Jetzt schon ins Bett?

Brot ist da, frisches dunkles SAFTIGES ROGGENBROT.

Keine BUTTER, höchstens eine Messerspitze auf die vordere Rundung des Brotes, genau auf die Kurve, dort wo Kruste und die poröse Duftspeise zusammentreffen. Jetzt diese weiße Butter drauf. Und …

Love me tender, love me sweet … da, im unteren Fach vom Kühlschrank, der herrliche BAUCHSPECK, schön hart, sodass er in hauchdünne Scheiben geschnitten werden kann.

Her damit.

»Love me tender, love me sweet« – ich bin Elvis und singe mit. Woran ist der gestorben? Doch nicht am Fett, sondern an Drogen. Traurig – only the good die fat … young.

Traurig ist das mit dieser ständigen Lebensgefahr für die Guten!

In feine Streifen geschnitten, in der Form eines Streichholzes, den Speck auf das Brot »streichen«. Schön fest und viel, sodass nur die Brotrinde sichtbar bleibt.

Nun etwas PAPRIKAPULVER darauf und das Brot in gleich große, ungefähr 2,5 mal 2,5 cm große Stücke schneiden.

… jetzt kommt noch ein Elvissong? Are you lonesome – hätt ich mir fast gedacht – Senf, Senf … tonight. SENF auf ein Speckbrotpaprikaquadrat. Gut. Noch mal. Are you lonesome tonight. GÜRKCHEN, genau. Abwechselnd ein halbes Gürkchen und ein Stück Speckbrotpaprikaquadrat. Jetzt abwechselnd Senf und Gürkchen. Da da diii dada tonight. Da liegt noch ein GRÜNER PAPRIKA: Einfach so reinbeißen, in einen ganzen grünen Paprika wie in eine Birne, das Krachen im Mund ist so laut, dass es Elvis übertönt … Jetzt noch ein Würfel Speckbrot … ah. Fertig.

»Dong. Es ist 3 Uhr. Die Nachrichten: Zu Ehren des großen King of Rock'n'Roll begannen heute in Memphis, Tennessee die Feierlichkeiten zur Wiederkehr …«

Wo ist denn jetzt der Himbeerschnaps hingekommen???

Catering für eine Leiche

Es gibt sie massenweise, die Mordopfer. Sie sagen einen Satz wie: »Guten Tag, was kann ich für Sie tun?« und aus. Peng. Schuss. Und dann gibt's schon das erste Catering. Morgens meistens WURSTBROTE, KÄSEBROTE oder WURSTSEMMELN, von einer entzückenden Praktikantin liebevoll hergerichtet.

Obwohl das Wort »Schuss« von einem Assistenten nur sehr leise gesagt wurde, sodass man nicht weiß, ob er nun Schuss oder Schluss gesagt hat, hat man den Schuss gespielt: brav das Eindringen der Kugel, den letzten Atemzug, das Brechen der Augen, das auf die Seite fallen des Kopfes. Dann nimmt man sich schnell ein paar Bissen KÄSE OHNE BROT. Als »Ein-Satz-Leiche« darf man das. Aber wehe, man ist Komparse. Da gibt's dann wieder eigene Praktikanten, die die Komparsen vom Catering verjagen.

Kaum hat man den KÄSE und die ZWEI SCHEIBEN GURKEN, die FEIN GE-STIFTELTEN KAROTTEN und die FRISCHEN RADIESCHEN mit gutem NESPRESSO aus dieser phantastischen Nespressomaschine runtergespült, heißt's auch schon wieder arbeiten: hinlegen, genau wie vorhin, kurz den Atem anhalten und nur in den Rücken atmen. Wie gut, dass man das gelernt hat, in den Rücken atmen oder die Luft anhalten. Deswegen wird Leichendarstellern dringend von Mineralwasser oder kohlensäurehaltigen Getränken abgeraten, denn wehe, man rülpst in der »Nahen« (Nahaufnahme) oder es gibt nicht beeinflussbare Magengeräusche. Die Filmteams sind alle wunderbar nett, aber da sie viel arbeiten müssen, sollte die Leiche einfach funktionieren. Dann wird die Kamera auf den Mörder eingerichtet und es wird umgeleuchtet. Also genügend Zeit, eine TOBLERONE und ein Stück NUSSKUCHEN zu essen.

Nun tauchen die uniformierten Polizisten auf. Alles Statisten. Sie starren hungrig auf den wirklich einladend aussehenden Cateringtisch. Ohne böse Absicht gehe ich als mit einer furchtbaren Kopfwunde geschminktes Mordopfer hin und nehme nun diese feinen Brötchen, die noch unberührt dastehen.

Einfach nur, damit ich den Mund voll habe und weil ich dem Statisten, der den Spurensicherer spielt, nicht auf seine Frage: »Und wo spielen Sie sonst noch?« antworten will. Das macht der Komparse nur, weil er nicht zum Cateringtisch darf, obwohl er 16 Drehtage hat, weil er in jeder Folge der Krimiserie neben jeder Leiche im Hintergrund die Türstöcke abpinselt und die Kommissare grüßt. Er weiß, dass ich nur einen einzigen Satz habe und danach sofort erschossen werde. Er weiß aber auch, nach 16 Kleindarstellerleichen genau, wie man einen Schauspieler zu Tode kränkt. Plötzlich gibt's einen Riesenaufschrei. »Das sind Requisiten, bitte nicht fressen!!!« »Ich habe gedacht, das gehört auch zum Catering.« Peinlich. Alle haben es gehört und es bedeutet wahrscheinlich keine Leiche mehr bis zum Jahr 2040. Der Statist schaut mich triumphierend an und mir wird plötzlich klar, warum Komparsen kein Catering bekommen.

Dafür esse ich jetzt demonstrativ mindestens 200 g von diesem SERRANO-SCHINKEN. Der Produktionsleiter sieht mir dabei ebenfalls zu. Er sagt nichts, aber ich merke, was er denkt: »Wenig Text, aber das teuerste Zeug fressen.«

Schon muss ich mich wieder hinlegen. Jetzt kommt der berühmte Hund mit seinem Kommissar. Plötzlich das Gefühl, dass zwischen den vorderen Schneidezähnen gut sichtbar ein ordentliches Stück Schinken klebt. Es ist bereits zu spät, um das Stück noch mit dem Finger (der bereits »eingerichtet« ist und nicht mehr bewegt werden darf) zu entfernen. In der Magengrube ballt sich plötzlich, wie immer bei Aufregungen, eine Luftkugel zusammen, die in den nächsten Sekunden entweichen wird. Der aus Anschlussgründen offene Mund macht es unmöglich das Geräusch zu verbergen. Die angestrengte Körperhaltung und die zu erwartende Blamage treiben den Schweiß in dicken Perlen auf die Stirn.

Endlich sagt der Regisseur: »Danke, wir machen's gleich nochmal«, und meint damit, dass die Kamera jetzt ausgeschaltet und noch einmal neu eingeschaltet wird. Schnell den Schinken aus dem Vorderzahn geholt und den dritten Maskenassistenten höflich um »irgendein Tuch zum Schweißabwischen« gefragt. Seine Antwort ist sehr beruhigend: »Mach dir keine Gedanken, das sieht man nicht. Die sind ganz groß auf dem Hund.«

Das war's auch schon. Das angekündigte Mittagessen kommt leider nicht mehr in Frage, da der Regieassistent im Vorbeigehen sagt: »Danke, Sie sind fertig.«

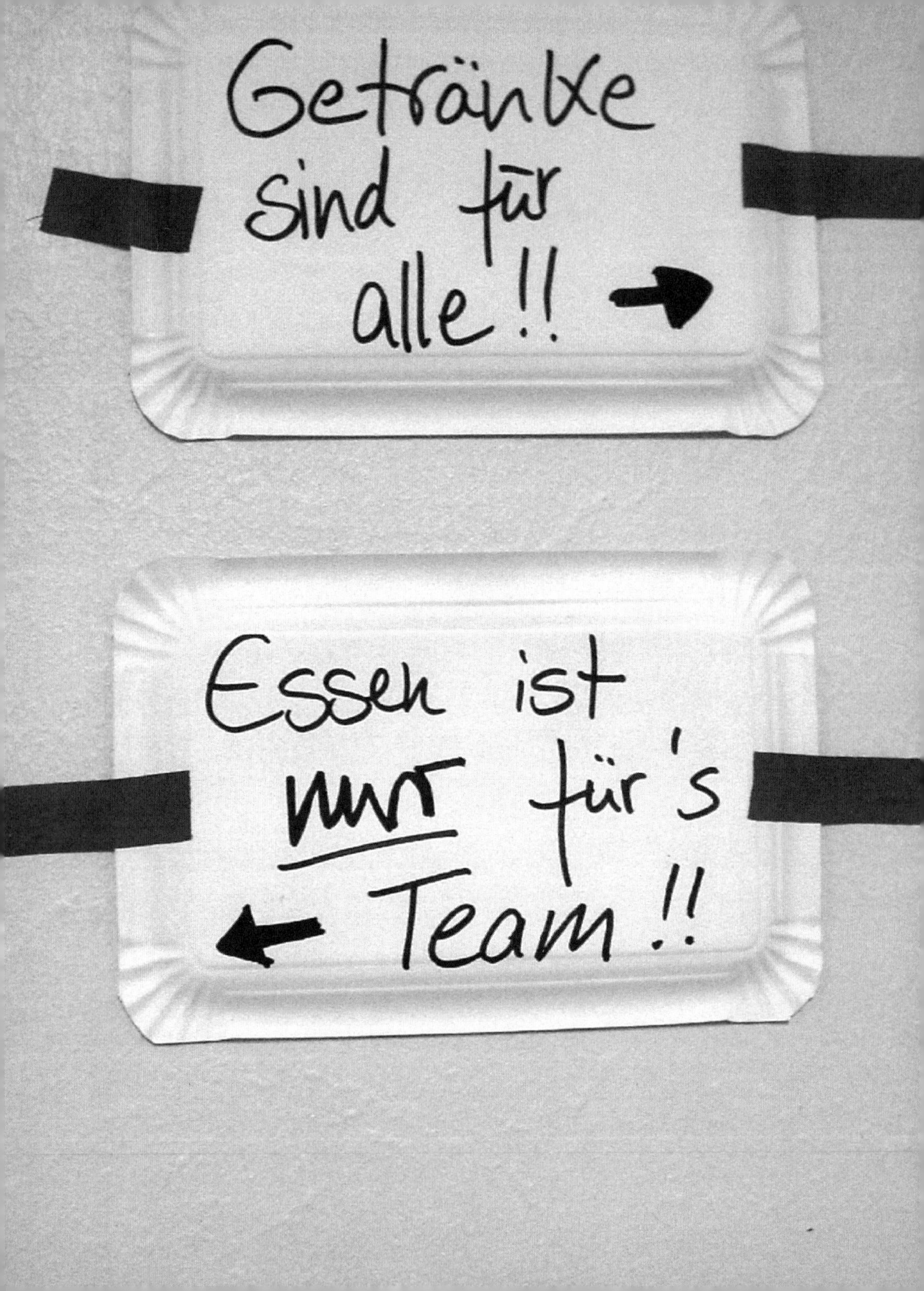
Getränke sind für alle!!
Essen ist nur für's Team!!

Amuse-Gueule von Blutwurst

Als 17-jähriger Gymnasiast hatte ich einen Mitschüler und Freund, dessen Vater Josef hieß. Wir durften ihn Jo nennen. Seine Frau war stets krank und bewohnte hauptsächlich das Schlafzimmer. Jo war Vater, Mutter und Freund seiner Kinder und feierte immer mit uns mit. Er war sehr humorvoll, trank gerne, und zu späterer Stunde stand er immer in der Küche und fing an, kleine Experimente zu kochen. Wie zum Beispiel dieses BLUTWURST-AMUSE-GUEULE. Die Blutwurst ist der eigentliche Stolz eines Metzgers. Ihre Herstellung ist nicht einfach und erfordert Fingerspitzengefühl. Sie ist Ausdruck jeder ländlichen Region, und wer sie nicht mag, hat noch nie eine gute Blutwurst gegessen oder ist ein dekadentes Stadtkind. Dass die Blutwurst eine lange Tradition hat und Volksnahrung ist, beweisen die vielen regionalen Spitznamen wie Blunzen, österreichisch, oder Flöns, rheinisch.
Und es schmeckte nie mehr so gut wie in der Erinnerung.

Die Blutwurst in dicke Scheiben aufschneiden. Das Öl in einer Pfanne erhitzen. Die Blutwurstscheiben kurz von beiden Seiten anbraten, sodass eine krosse Kruste entsteht. Sofort aus der Pfanne nehmen.
Die Zwiebeln in hauchdünne Scheiben schneiden. Die Blutwurststücke mit Senf bestreichen und jeweils eine Zwiebelscheibe auflegen. Sofort verzehren.
Am besten immer portionsweise braten, also nicht auf Vorrat. Die krosse Kruste im Kontrast zum weichen, noch warmen Innenleben der Blutwurststücke ist hier der Hit.

1 hausgemachte Blutwurst

1–2 Zwiebeln

scharfer Senf oder Dijon-Senf

etwas Öl zum Braten

Nichts vor heute –
nur Fernsehen nach dem Abendessen

Neben einem schönen kühlen Pils stehen auch einige gute Vorsätze auf dem Couchtisch.

1. Vorsatz: Kein Knabbergebäck!
Dafür etwas Gesundes: 1 ORANGE. Da die Orange zu sauer ist, werden die einzelnen Spalten jeweils vor dem Biss in WALDHONIG getaucht. Es ist gesünder und schmeckt besser.

2. Vorsatz: Keine Schokolade!
Die Werbung zeigt schlanke, freundliche, erfolgreiche Menschen in großen Autos und kleinen Unterhosen. Wie sie mit blitzend weißen Zähnen und roten Lippen in einen Butterkeks beißen und dabei die Kekse in Zeitlupe explodieren. Butterkekse haben keine Schokolade. Bis zur Tagesschau wird einer gegessen. Höchstens. Also, schnell in die Küche zum Keksdepot. Nein, nicht die SCHO-KOLADE, auch kein KONFEKT und auch nicht die GELEEFRÜCHTE. Neben der Kekspackung hat wieder einmal jemand die ERDNUSSBUTTER deponiert. Obwohl man eigentlich das Glas an seinen Platz zurückstellen will, landet es wie von Zauberhand auf dem Couchtisch, direkt neben der Kekspackung. Aber Erdnussbutter allein schmeckt nicht, gemischt mit ERDBEERMARME-LADE und aufgetragen auf einen Butterkeks hingegen, eine Delikatesse.

3. Vorsatz: Kein Fett!
Die unmäßige Süße und die schlechten Nachrichten des Tages, das damit verbundene Gefühl der Hilflosigkeit werden mit dem zweiten PILS hinunter-gespült und verlangen jetzt etwas eindeutig Deftiges. Wenig Fett hat zum Beispiel dieser herrliche KOCHSCHINKEN. Das letzte Scheibchen vom Früh-stück ist morgen nur mehr halb so gut. Weg damit. Dann zwei SAURE GÜRKCHEN und ein bis zwei GRISSINI MIT SESAM bestreut.

Schluss:

Die eben angebrochene Packung Grissini ist leer. Der mittlerweile halb ausgetrunkene Rotwein täuscht nicht darüber hinweg, dass die konsequente Vermeidung von Fett, Schokolade und Knabbergebäck nicht wirklich glücklich macht.

Erste Liebe
Senfbrot

Deine Schultasche roch nach Senf. Nie werde ich diesen Geruch vergessen. F. mit deiner engen Levis-Jeans. Und dann der erste Kuss. Mit Zunge. Die schmeckte nach Senfbrot. Wie viele Senfbrote habe ich seither gegessen? Umsonst – keines war so gut wie dein erster Kuss. Nie mehr war es so schön wie damals im Dr. Meyer-Park. Vor diesem Kuss hatte ich nie ein Senfbrot gegessen. Danach hunderte und noch mehr Senfbrote – dicke, dünne, lange, kurze, mit ESSIGGURKEN, ohne Essiggurken, mit ZWIEBELN, TOMATEN und MAYONNAISE – nur wegen dir.

Alles umsunst
hab nie erhalten
ihre Gunst.

Zubereitung: Selber!

3 Scheiben
Schwarzbrot

1 Zwiebel

Butter

Ketchup

Mayonnaise

3 Tuben Senf (süß,
scharf, Dijon)

Forschung

Ein ganz normaler Vormittag ... Nach dem Frühstück, wenn die andern längst geschäftig ihre innersten Bedürfnisse vergessen haben, führt die Frage »Wie geht's weiter?« direkt zum Kühlschrank.

Da liegt doch tatsächlich der Rest des gestrigen Mittagessens in Form einer guten Portion Kalbsgulasch. Für eine Hauptspeise ist es aber dann doch zu wenig und für eine Nachtspeise ist 10 Uhr vormittags eindeutig zu früh. Einzig interessant ist:

Wie schmeckt Kalbsgulasch direkt aus dem Kühlschrank?

Ein Esslöffel kalter GULASCHSAFT beweist, dass geeistes Kalbsgulasch durchaus an einem heißen Tag möglich wäre, zumindest als Vorspeise. Die zweite Frage:

»Wie schmeckt eigentlich

kaltes KALBSGULASCH mit WEISSBROT?«, ist mit zwei Esslöffeln ebenso schnell beantwortet wie die dritte Frage:

»Schmeckt Kalbsgulasch auch auf HEISSEM TOAST?« Was auf dem nun begeisterten Gaumen unmittelbar Frage vier provoziert. Nämlich

wie machen sich EINGELEGTE PERLZWIEBELN in dem nun leicht angewärmten Rest? Der herrliche, mittlerweile heiße Saft wird noch einmal mit einem ESSLÖFFEL CRÈME FRAÎCHE verdünnt und schnell gegessen.

Nun endlich darf der Topf in den Geschirrspüler.

All diese herrlichen Erfahrungen haben wieder einmal gezeigt: Wer wagt, gewinnt. Wie es heute weitergeht, wissen wir immer noch nicht.

Dienstag, 19:25 Uhr

Dienstag 19:25 Uhr auf dem Weg zum Kühlschrank läutet das Telefon. Es ist »M«. Wichtige Neuigkeiten sind zu erwarten. »M« hasst es allerdings, wenn am Telefon gegessen wird. Schon der leiseste Verdacht führt zum Abbruch des Gesprächs.
Also, wie richtig fressen?

1. Lügen: *»Was ich mache? Jetzt? – Gar nichts, ich erhole mich vom Stress und wollte eben meine Arbeitsunterlagen holen. Ach ja, wie war's denn am Wochenende?«* »M« holt aus und wird ausführlich. Jetzt ist die Gelegenheit, die Kühlschranktür zu öffnen. Bei besonders lauten Kühlschranktüren empfiehlt sich ein begleitendes Husten oder Räuspern.
2. Heucheln: Vorsichtige Zustimmung heucheln mit *»Ja, ja.«* oder *»Genau, das war gut …«*, wenn der JOGHURT und die LIMETTEN-PICKLES auf dem Tisch stehen und ein Löffel bereitliegt, dann weiter Interesse heucheln mit *»Und was hast du gemacht?«* Gleichzeitig vorsichtig den Joghurtbecher öffnen, ganz leise und mit einem zustimmenden *»Mhmm«* den ersten Joghurtlöffel im Mund zerfließen lassen. Das uninteressante Gelaber ist ein hervorragender Kontrapunkt zu dieser einmaligen, milchig säuerlichen Joghurtbegegnung. »M« ist jetzt so richtig in Fahrt. Nun werden zwei Esslöffel Limetten-Pickles leise ins Joghurt gerührt.
3. Schuldgefühle wecken: Auf die etwas überraschende Frage von »M«, ob man überhaupt zuhört, kommt mit leicht beleidigtem Unterton: *»Was tu ich denn deiner Meinung nach?«* »M« spürt, dass etwas nicht stimmt, spricht aber weiter, und schon trifft zum ersten Mal diese köstliche Mischung aus Joghurt und Limette auf die Zunge.
4. Nochmals lügen: *»Warte einen Moment, ich muss kurz meine Arbeitsunterlagen beiseite legen.«* Die Pause wird genutzt, um das ZWIEBELMETT neben der Joghurtmischung zu platzieren und zwei Scheiben ungetoastetes TOASTBROT oder WEISSBROT anzurichten.

5. Und schon wieder lügen: *»So, ich bin wieder ganz Ohr«* … *»Nein, ich arbeite nicht in einer Brotfabrik. Wieso?«* (»M« hat das Rascheln der Toastverpackung gehört.) Jetzt müssen Gegenfragen gestellt werden. Während also das Gespräch wieder auf hundert gebracht wird, kann aber unter äußerster Vorsicht das Weißbrot in kleine Teile (Löffelgröße) geschnitten werden. Sobald »M« wieder das Wort ergreift, geht's los:

6. Kämpfen: Wie ein Sprengstoffexperte, der weiß, dass jede falsche Bewegung – und sei sie auch noch so klein – die Bombe hochgehen lassen kann, genauso vorsichtig werden die kleinen Weißbrotstücke erst in die Joghurtmischung getaucht und dann mit einem kleinen Kügelchen Zwiebelmett belegt. Wenn man es riechen kann, also der Abstand vom Löffel zum Mund nur mehr wenige Zentimeter beträgt, muss durch ein lautes *»Nein, unglaublich!«* »M«s Redefluss in Gang gehalten werden.

In dieser Art und Weise kann nun mit LEBERSTREICHWURST, SAUERRAHM, MARMELADE, PUDDING, MOUSSE AU CHOCOLAT, TIRAMISU und all den anderen verfügbaren Weichspeisen in beliebiger Reihenfolge oder auch immer gleichzeitig vorgegangen werden. So lange, bis »M« uns einen schönen Abend wünscht und auflegt.

Das »Ichwillalleshabenbrot«

Man kann nicht alles auf einmal haben. Aber ein bisserl was geht immer!
Wer kennt's nicht, das Butterbrot, das Marmeladenbrot, das Honigbrot, das
Nutellabrot und das Käsebrot. Wer hat es aber jemals geschafft, so zwischen
zwei kräftigen Mahlzeiten, diese fünf Variationen in dieser oder anderer Reihenfolge zu essen?
Hier eine Anleitung:
Wir nehmen eine CA. 20 ZENTIMETER LANGE BROTSCHEIBE (schönes,
dunkles Roggenbrot oder Hausbrot). Nun denken wir uns das Brot in fünf
gleich große Sektoren (A, B, C, D, E). Nur denken, nicht schneiden! Nun
wird
in Sektor A DICK BUTTER,
in Sektor B, C, und E etwas weniger Butter aufgetragen.
Anschließend wird in Sektor B dick SELBST GEMACHTE ERDBEERMAR-
MELADE,
in Sektor C HONIG,
in die butterfreie Zone D DICK NUTELLA und
in Sektor E (gebuttert) einige Scheiben BLAUSCHIMMELKÄSE oder auch
ROQUEFORT montiert.
Von Puristen oder Ästheten kann aus Sektor E auch eine reine Butterzone gemacht werden, was aber einiges an Überraschung nimmt.
In jedem Fall beginnt man das Brot am Butterende aufzuessen (nicht zu langsam, damit sich die Geschmäcker schön flott ablösen bzw. ineinander überge-
hen).

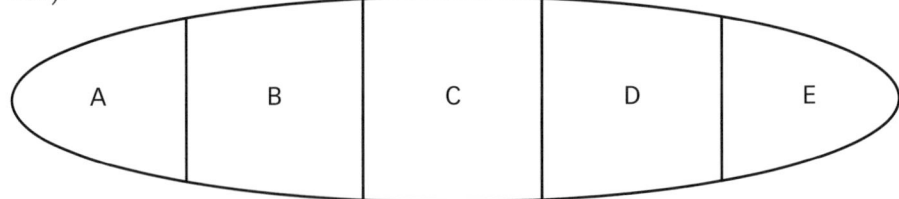

Leberkässemmeln

Die LEBERKÄSSEMMEL ist, bedingt durch ihre Konsistenz, den feinen, imaginierten Lebergeschmack und das gleichzeitige »weichfeste« Timbre, sowohl für Gebissträger als auch für Milchzähne geeignet. Sie gibt uns das Gefühl des schwerelosen Kauens, ist insgesamt eine quasi vorindustrielle Astronautennahrung. Sie sieht nicht aus wie Essen, schmeckt aber so.

Wie kaufe ich eine Leberkässemmel?
1. Prinzipiell nur heißen Leberkäse in die Semmel geben lassen.
2. Wenn kalter Leberkäse in der Mikrowelle erwärmt wird, sehen Sie sich einfach um, ob der Fluchtweg frei ist, und betreten Sie dieses Geschäft nie wieder.
3. Beim Bestellen der Leberkässemmel ist es wichtig, von vornherein den Brotanteil selbst zu bestimmen, indem Sie darauf hinweisen: »Mit viel Leberkäse!« Der Leberkäse und das ganze Brötchen müssen gleich dick sein.
4. Dazu, also zwischen Leberkäse und Semmel, ein Gürkchen oder eine Pfefferoni oder Senf oder scharfe Sauce oder alles zusammen.
5. Der Genuss wird gesteigert, indem man die Leberkässemmel noch etwas in der Verpackung lässt. Damit sich etwas von der köstlich säuerlichen, würzigen Leberkäsflüssigkeit in das Brötchen saugt.

Anmerkung: Hundertprozent vertrauenswürdige Zeitgenossen haben schon gesehen, wie Leberkäse gemacht wird, und essen ihn trotzdem noch. Was jedoch weniger für die Herstellungsweise als vielmehr für den einzigartigen Geschmack spricht.

Einkaufen
Frikadellen

Was, morgen ist ein Feiertag? Und danach auch noch Wochenende? Ich hab noch nichts eingekauft! Der Kühlschrank ist leer. Alle Vorräte aufgebraucht. Gut, man könnte das Wochenende ja auch bei dem kleinen Italiener an der Ecke überbrücken oder zum Thailänder zwei Straßen weiter gehen. Aber was, wenn man nach dem Restaurant, so um 23 Uhr, nochmal einen kleinen Gusto bekommt? Nur ein Scheibchen Parma oder einen Bissen Käse? Außerdem wollte ich doch diese griechischen Nudeln, Kritharaki, aus der Feinkostecke vom Supermarkt mal ausprobieren. Die hab ich doch mal in Griechenland in einer Art Eintopf gegessen. Die sehen so lustig aus, wie Reiskörner, nur grö-ßer und gekocht, leicht glibberig. Mmmmhhhm – zusammen mit Gemüse und Lamm und Weißwein gegart. Ach ja, und Maisgrieß brauch ich auch noch für dieses sündhaft leckere Sardellenpolenta-Rezept. Ich muss Einkaufen fahren. Oh Gott, wie lange werde ich brauchen? Und der übervolle Parkplatz verrät mir: sehr lange. Und immer steht in dem Gang, wo gerade ein Mitarbeiter die Nudeln neu einräumt, jemand genau auf Höhe der Palette und sucht gedan-kenverloren das Backpulver. Und kein Räuspern, kein höflich geseufztes »Entschuldigung« wird helfen.
Und noch mal so lange an der Kasse, besonders weil ich immer die Kandida-ten erwische, die 17,97 Euro bar und mit ihrem gesamten Kleingeld begleichen wollen. Noch nichts gegessen. Ich könnte gleich eine Bratwurst an dem Wurststand vor dem Supermarkt essen. Nein, zu ölig. Das verdirbt ja jede Phantasie beim Einkauf. Aber ich muss was essen. Nüchtern einkaufen bedeu-tet, dass man mindestens das Doppelte von dem einkauft, was man eigentlich kaufen wollte. Da gibt es doch noch, ein paar Schritte weiter, diesen hervorra-genden Dönerstand. Bietet der jetzt nicht neben der Knoblauch- und der scharfen Sauce auch Schafskäse und Gurken als Belag an? Macht vielleicht aber schon zu satt? Schwierig! Ich lenke meine Schritte nicht zum Eingang des Supermarkts, sondern gehe Richtung »Nordsee«. Was Fischiges! Ist außerdem

gesund. Einmal die Woche Fischöl! Soll gut für die Herzkranzgefäße sein. Na gut, ich schau mal vorbei. Die Vorfreude wächst. Doch die Fischbrötchen wirken alt und müde, besonders die mit den panierten Sachen, die sind vollkommen aufgeweicht. Nein. Erneute Not! Was jetzt? Bei »Ditsch« eine frische Laugenbrezel? Zu trocken. Der erlösende Gedanke kommt. Noch ein Stück weiter, da ist doch dieser geniale Feinkostladen, wo es die Butter vom Block gibt und sich die Leckereien im Schaufenster nur so türmen. Ein Verbündeter im Geiste. Denn die Sachen sind nicht nur gut, sondern auch reichlich vorhanden. Der Schritt wird schneller, das ersehnte Schaufenster endlich erreicht. Hier ist wirklich alles da: frisch, reinlich und appetitlich angerichtet. Selbstverständlich muss ich mich auch hier in eine Schlange einreihen, aber das gerne, denn hier bin ich ja wieder in der Zivilisation.

»Zwei Frikadellen, bitte.«

»Sonst noch einen Wunsch?«

Mein Blick fällt auf das hausgemachte Käsegebäck. Wie oft wollte ich die schon selbst machen, und deshalb entscheide ich spontan:

»Und noch eine Tüte von dem Käsegebäck, bitte.«

Die Frikadellen waren herrlich; kalt gegessen, genau das Richtige jetzt. Ich bewundere meinen Instinkt. Ich werde meinem Einkaufszettel noch ein Kilo Hackfleisch hinzufügen müssen. Denn Frikadellen kann man immer essen. Wie weit bin ich eigentlich gelaufen? Ganz schön weit bis zum Supermarkt zurück. Na gut, ich probiere von den Käsestangen. Zarter Blätterteig mit geschmolzenem Käse und dazu knusprig. Fein. Ich bin bereit für den Einkauf.

1 kg gemischtes Hackfleisch

1 große Zwiebel

2 Knoblauchzehen

1 altbackenes Brötchen

2 Eier

2 EL Quark oder Kräuterquark

1 TL Tomatenketchup

1 TL Senf, scharf

1 TL Paprika, edelsüß

1 Spritzer Tabasco

1 Spritzer Sojasauce

1 EL Kräuter (frische Petersilie und Schnittlauch oder Kräuter der Provence)

Salz, Pfeffer

Muskatnuss

Öl zum Braten

Das alte Brötchen grob zerteilen und in einer Schüssel mit warmem Wasser einweichen. In eine größere Rührschüssel füllt man das Hackfleisch und fügt die in Würfel geschnittene Zwiebel, den Quark, die Eier, Tomatenketchup, Senf, Tabasco, Sojasauce und die Kräuter hinzu. Würzt auch schon mal mit Salz, Pfeffer, der Muskatnuss. Das Brötchen gut ausdrückt zur Hackfleischmasse geben und alles gut durchmischen. An dieser Stelle kann man nochmals nachwürzen. Frikadellen brauchen einen kräftigen Geschmack. Nochmals durchkneten. Mit nassen Händen formt man die klassische Frikadelle. Eine Pfanne mit Öl (ich nehme auch hier Olivenöl) erhitzen. Doch Vorsicht, das Öl nicht zu heiß werden lassen! Die Frikadellen sollen zwar anfänglich ruhig etwas stärker angebraten werden, doch nicht gleich verbrennen. Dann sind sie außen schwarz und innen noch roh. Ist das Fett jedoch zu kalt beim Anbraten, dann saugen sie sich mit Öl voll und werden nicht richtig kross. Dabei verträgt auch das Olivenöl keine zu hohen Temperaturen und wird schnell bitter. Hilfreich ist hier ein Holzstäbchen (Schaschlikspieß), das man in das heiße Öl hält: Steigen Bläschen hoch, ist die Temperatur richtig.

Manchmal wende ich die Frikadellen vor dem Braten auf beiden Seiten kurz in Mehl, was den Vorteil hat, dass sie noch knuspriger werden und nicht so leicht auseinander fallen. Die Frikadellen kommen nun in die heiße Pfanne und werden von beiden Seiten ungefähr 5 Minuten ausgebacken. Wahrscheinlich muss man zwischendurch immer wieder etwas Öl in die Pfanne geben.

Die fertigen Frikadellen kann man bei 50 °C im Backofen warm halten. Besser jedoch gleich aus der Pfanne essen.

Wurstsemmel

Der Biss in eine ordinäre WURSTSEMMEL ist an sich nicht besonders attraktiv. Zu Hause geschmäht und selten bis nie gewünscht, bekommt sie durch die Zubereitung in der Metzgerei oder in einem Feinkostgeschäft eine nahezu unwiderstehliche Aura. Warum schmeckt sie so anders? – Ist es wie bei den Sushiköchen? Der kleine Unterschied zwischen der männlichen und weiblichen Hauttemperatur schließt Frauen von der Sushi-Zubereitung aus, auch wenn sie die gleiche Fingerfertigkeit besitzen. Bringt vielleicht dieses flinke Belüften der einzelnen Wurstscheiben und das hauchdünne Aufschneiden der sauren GÜRKCHEN diesen zauberhaften Unterschied? Oder ist es die kühle Semmel? Vielleicht schätzt man aber auch nur die Fremdheit des Geschäfts mit seinen appetitlichen Gerüchen?

Die SALAMIWURSTSEMMEL verträgt weniger Wurst als die FLEISCH-WURSTSEMMEL. Das bedeutet: Wichtig ist das richtige Verhältnis Wurst zu Semmel. Ebenso wichtig ist die Zusammensetzung der Auflagen: Fleischwurst – viele Gürkchen, wenig Mayonnaise. Salamiwurst – wenig Gürkchen, viel Mayonnaise. Und noch etwas: Es schmecken zwar die meisten Wurstsorten gleich, aber trotzdem sollte man sie nie mischen. Mancherorts, zum Beispiel in der Festspielstadt Salzburg im Feinkostgeschäft Kölbl, gibt es die SPEZIAL-SEMMEL, welche zusätzlich mit EINEM HALBEN EI, FRISCHEN ODER EINGELEGTEN PAPRIKASTREIFEN, PERLZWIEBELN, SENF und MAYONNAISE und allem, was man schätzt, bis hin zu GEBRATENER EIER-SPEISE oder SARDELLENRINGEN belegt wird.

Anmerkung: Kaufen Sie niemals abgepackte Wurstsemmeln, denn da ist die »Luft« aus den Scheiben wieder draußen!

Rosinenquark

Die Nacht ist dunkel und eine berühmte italienische Köchin hat einmal gesagt, man sollte so reden, dass das, was man sagt, auch der letzte Satz sein kann, den man überhaupt sagt. Das heißt: So reden, dass der letzte Satz nicht noch erklärt werden muss oder gar entschuldigt, weil sonst gilt man für alle Ewigkeit entweder als unverständlich oder es tut einem eine Ewigkeit lang Leid, was man gesagt hat. Das gilt auch für die persönlichen Handlungen und Verrichtungen und erst recht für die Gerichte und Speisen. Jede Speise sollte so zubereitet sein, als sei sie unsere letzte Speise. Das fällt im Folgenden besonders leicht. Denn wenn jemand Quark mag und Rosinen mag und Honig mag, dann ist diese Geschmacksvermischung genau der richtige Begleiter in die Ewigkeit. Diese Vereinigung der unglaublich trockenen Cremigkeit des Quarkes mit der zähen Süße des Honigs und dem konzentrierten, holztruhenartigen Weintraubengeschmack der Rosinen ist schon im Leben unvergesslich.

Die Zutaten werden miteinander vermengt. Lediglich der Puderzucker wird erst zum Schluss darüber gestreut.

200 g Quark (muss kein Magerquark sein)

3 EL Waldhonig

2 EL gewaschene Rosinen (möglichst Bio-Qualität)

geriebene Zitronenschalen (möglichst Bio-Qualität)

1 EL Sahne (je nach Bedarf auch mehr)

Puderzucker nach Belieben

Bismarck

Es regnet in Strömen. Die Kopfschmerzen ziehen gleichmäßig von der Stirn bis in den Nacken. Jetzt alles, nur keine Zigarette. Nichts ist geglückt. Alles nur scheinbar gut gegangen. In Wirklichkeit sind all die ungewünschten Wünsche unerfüllt geblieben. Alle anderen Menschen auf dieser Welt haben alles bekommen. Zum Beispiel der Typ da, der kann sich das ganze Zeug doch unmöglich verdient haben. Sicher geerbt, gewonnen, geschenkt – in so jungen Jahren. Oder die tolle Frau mit ihrem großen Geländewagen, eine gut erzogene Millionenerbin. Richtig Geld. Keinen Kater vom billigen Wein. Wann hat der Niedergang eigentlich begonnen? War das '72 durch diese stark geschminkte Volksschullehrerin? Die hat mein Leben versaut, wenn die nämlich nicht den Sohn vom Dorfarzt immer bevorzugt hätte, sondern gerecht gewesen wäre, hätte ich in der 3. Klasse keine 3 und dadurch nicht den ewigen Stempel gehabt. Immer 3. Immer Durchschnitt. Immer Dritter. Nie Erster. Nie am Nachmittag Wasserski fahren und nie von der Schule mit dem großen Mazda abgeholt werden. Nichts. Immer nur Pech. Wie heißt's so schön: Dort, wo ich bin, ist das Glück nicht. Oder dort, wo das Glück ist, bin ich nicht, oder … Das ist es ja, die Halbbildung! Nicht einmal das Zitat von Beethoven oder war's doch Schubert oder Wagner. Diese Halbbildung. Immer daneben. Displaced person, nass im Regen, immer zur falschen Zeit am falschen Ort. Alle haben alles, nur ich habe nichts.
»Guten Tag?! Ahja, ich war etwas in Gedanken … ja, bei dem Wetter, doch … ja doch, ich hätte gerne … so ein BISMARCKBRÖTCHEN MIT ZWIEBELN.«
»Zum hier Essen?« – Nein, für mich gibt es kein Hier. Wo soll ich mich hinstellen? »Eins reicht?« »Ja! Äh, nein!!«
Würde man im Fischgeschäft arbeiten, dann könnte man wenigstens täglich den frischen Fisch essen. Lobster und den Kaviar mit Schöpfkellen …
Verkäufer in einem Fischgeschäft.
Viel putzen, ja schon, Boden waschen auch … und …
»Ich nehme ihn doch lieber mit nach Hause.«

3 Bismarckheringe

1 Zwiebel in
hauchdünne Ringe
schneiden.

3 Backbrötchen

Salzgurken

Mayonnaise,
Sauce Tatar

Dazu Pils, Pils, Pils,
Pils, Pils und dann
Korn.

Den besten, weil selbst eingelegten Bismarck gibt
es im Fischgeschäft »Grüll«, Grödig.

leer.

Allein zu Hause. Sonntag 16 Uhr! Das Völlegefühl weicht dem einzigen wirklichen Perpetuum mobile – dem Appetit.

Der Kühlschrank ist leer. Das Auto mit Frau und Kindern unterwegs. Im Kühlschrank: 1 Tube SANDWICHCREME, eine halbe BUTTER, ein angebrochenes Glas MAISKÖLBCHEN. Ca. 300 g SPECK AM STÜCK, eine schöne ECKE PARMESAN. Nach den anfänglichen Versuchen, die Sandwichcreme einfach über den Mund zu halten und fest zusammenzudrücken, ein Stück Speck zu essen und anstelle des Brotes ein Scheibchen Parmesan dazu zu genießen, stellt sich immer wieder Enttäuschung ein. Es fehlt etwas. Ganz klar: Brot! Ein herzhaftes Stück Schwarzbrot, und der Kühlschrank wäre endgültig leer. Aber ohne Brot? Jetzt die Regale durchsuchen macht keinen Sinn. Die Backbrötchen sind schon beim heutigen Frühstück verzehrt worden. Gut, dann eben nicht. Dann eben Lesen. Lesen ist gut für das Gedächtnis, gut für die Bildung, und was gibt es Schöneres, als auf dem Sofa liegen und Kochbücher zu lesen. Das ist doch wirklich ein Genuss. Denn kaum ist das Kochbuch aufgeschlagen, schlafe ich auch schon ein, oder muss das gelesene Gericht schnell ausprobieren. Und an diesem Sonntag um 16:05 Uhr habe ich nur einen Namen im Inhaltsverzeichnis gelesen: Grissini. Grissini sind immer im Haus.

Den SPECK in feine Scheiben schneiden, die GRISSINI damit umwickeln und in den Grill legen. Die noch heißen Grissini in GERIEBENEM PARMESAN und etwas CHILIPULVER rollen und sofort servieren.

Dazu leichtes Bier oder Wein.

Wodka
Piroggen

Ein unvergleichlicher Abend in einer russischen Wohnung in Nowosibirsk ist mir noch immer in Erinnerung.

1 l Moskovskaya Wodka (Ohne weiteres darf auch eine bessere Qualität verwendet werden!)

6 l Mineralwasser oder Trinkwasser

mehrere Dosen Ölsardinen

1 Glas eingelegte Zwiebeln

1 Glas eingelegter Knoblauch (Den Knoblauch möglichst selbst einlegen, da es keine anständige Ware gibt.)

1 Glas Senfgurken

1 Glas »Rote Beete-Salat«

1 Glas eingelegte Paprika

1 Gläschen getrocknete Tomaten

Und so weiter und so fort – suchen Sie sich einfach 10 verschiedene Gläser im Supermarkt aus.

Alle Gläser öffnen und für jeden bequem erreichbar aufstellen. Jeder Trinker bekommt Gabel und Löffel, ein Wasserglas und ein Wodkaglas. Als Faustregel gilt: Pro 4 cl Wodka mindestens 200 ml Wasser trinken und fleißig essen.

Für Perfektionisten, Puristen oder andere Nimmersatts werden PIROGGEN selbst hergestellt:

Den tiefgefrorenen Hefeteig laut Gebrauchsanleitung vorbereiten und ausrollen.
Alle Zutaten fein hacken und mit dem Schmand mischen.
12 mal 12 cm große Teigquadrate ausschneiden und mit der Mischung bestreichen. Dann die vier Teigenden zu einem »Briefkuvert« zusammenschlagen.
Nun die Piroggen mit Eigelb bestreichen, auf Backpapier geben und 10 Minuten bei 200 °C fertig backen.

Als Ergänzung noch zwei Salate zum Selbermachen:

Salat 1:
Matjes klein schneiden. Rote Beete in Würfelform schneiden, gekochte Kartoffel würfeln, süßsaure Gurkenwürfel und Apfelwürfel in eine Schüssel geben. Mit Mayonnaise und/oder Joghurt vermischen und abschmecken.

Salat 2:
5 Rote Beete im Ganzen kochen, in dünne Scheiben schneiden, 1 kg gekochte Kartoffeln ebenfalls in Scheiben schneiden, den Saft einer Zitrone, Salz und Olivenöl dazu – fertig.

Diese Salate vervollständigen auch optisch die Erinnerung zumindest an den Beginn der Wodkaparty in Nowosibirsk oder war's doch in München?? Jedenfalls war es kalt in diesem alten Haus.

1 tiefgekühlter Hefeteig

1 Becher Schmand

1 Dose Sardellen

3 süßsaure Gürkchen

1 fein gehackte Zwiebel

1 Eigelb zum Bestreichen

Salz, Pfeffer

Knoblauchbrot

Überall ist Gift. Im Spielzeug, im Salat und in der Luft. In jeder Zigarette allein 8.000 verschiedene Giftstoffe. Das macht bei 60 Zigaretten pro Tag: 60 mal 8.000 verschiedene Giftstoffe und das Ganze mal 365 macht 365 mal 60 mal 8.000. Länger als 40 Jahre schafft das keiner, macht also 40 mal 365 mal 60 mal 8.000. – Gift, Gift, Gift.

Doch es gibt Hilfe, ein Antidot, ein Gegengift: das Drachenblut des modernen Siegfried. AGLIO! Man sollte regelmäßig in diesem Drachenblut baden. Und man wird sofort erkennen, wer einen wirklich liebt (Kriemhild: »Ah herrlich, hast du Knoblauch gegessen?«) und wer nur vorgibt, ein Freund zu sein (Hagen: »Du stinkst nach Knoblauch! Muss das sein?«).

Die Butter gleichmäßig auf beide Brote streichen. Den Knoblauch in hauchdünne Blättchen schneiden und auf die Brote geben. Es darf nichts mehr von der Butter zu sehen sein! Salz, Pfeffer und Chilipulver nach Belieben.

2 Scheiben Schwarzbrot

40 g Butter

8 Knoblauchzehen

Salz, Pfeffer

Chilipulver

Abendessen für Kinder

Vielleicht ein WURSTBROT mit feiner REMOULADENSAUCE und ein MAR-
MELADEBROT und ein BROT »NORD-SÜD«, d. h. eine Hälfte des Brotes ist
mit KÄSE UND TOMATEN und eine Hälfte mit SALAMI UND GURKEN be-
legt.
Dann ein gewöhnliches BUTTERBROT und für alle Fälle ein halbes HONIG-
BROT – nein, ein ganzes.
So, und für mich nur einen APFEL! Was ist, wenn jetzt die Kinder die Brote
verweigern? Zur Sicherheit mach ich einfach ein paar NUDELN. Also ein
Kilo. Na ja.

»Hallo, das Abendessen ist fertig. Wie? Was? Die herrlichen Brote! Nein, sicher nicht? Und auch keine Nudeln? Keine Nudeln mit Ketchup? Wie ihr
habt schon gegessen? Wann? Vor einer halben Stunde. Mit wem? Ah ja, na
dann: Gute Nacht!
Was? Wie? Selber essen? Jetzt nicht frech werden und Zähne putzen nicht vergessen!
Diese herrlichen Brote. Die schmecken doch morgen nicht mehr. Na gut,
dann ess ich erst die Brote, dann die Nudeln und den Apfel morgen.«

Aus dem Keller
Tomatenmarmelade

Den Staubsauger holen oder das Mittagessen aus dem im Keller befindlichen Gefrierschrank. Die leeren Flaschen vom Vortag werden dabei mit deutlichem Opferwillen und für die übrigen Mitbewohner sichtbarem Fleiß gleich mitgenommen. Es geht abwärts. Raus aus der gelüfteten, mit toten Gegenständen und Gebrauchskitsch zugestellten Oberwelt, in die von Spiegeln, Partnern und Körperfettwaagen befreite Grundfestung unseres Seins. Mitten hinein in die Vorräte, die Sicherheit der gestapelten Vergangenheit und die – nur für uns empfindliche Dickhäuter – spürbare Nähe zum Erdkern.

Die leeren Flaschen artig in den Karton zurückstellen, das ist der Abschluss des in bester Erinnerung versinkenden kulinarischen Vortags. Rein zufällig steht neben dem Karton mit den leeren Flaschen eben der Karton mit den vollen. Wer hat das so eingerichtet? Der Zufall? Bacchus? Wer sonst? Doch nicht etwa … nein: »Die Wiederholfähigkeit unterscheidet den Künstler vom Dilettanten«, hat einmal ein Sprechlehrer gesagt und meinte damit das Platzen der Konsonanten.
Jedenfalls wird – sollte heute noch unerwarteter Besuch kommen – die Kontinuität dieses Weines getestet. Er bekommt noch einmal die Chance, seine Qualität zu beweisen. Allein die Auswahl und die Vorstellung der dazu möglichen Speisen geben uns den Mut, wieder aufzutauchen aus dem herrlichen Hades der Vorräte. Vorbei an italienischen Olivenpasten, dem vielfältigen Nudelvorrat. Ganz leicht wandern wir weiter. Der selbst eingelegte Knoblauch braucht noch zwei Wochen. Neben dem Himbeeressig steht dieses herrlich nussige Mohnöl aus dem Waldviertel. Auch die Kartons mit den geschälten Tomaten und die getrockneten weißen Bohnen lassen uns ebenso ungerührt wie das eingelegte Gemüse. Was zieht heute so stark? Die knusprigen Waffelkekse? Nein. Die süßen Erdbeermarmeladen? Auch nicht. Aber der sechste Sinn sagt, da muss es irgendwo sein. Ja, hinter der Erdbeermarmelade ist das

Unnennbare versteckt. Das, womit der Wein in wenigen Stunden harmonieren wird wie ein Blatt mit einem Baum, wie Milch mit Kaffee, wie Honig mit Orangen. Zugleich entsteht ein logisches Bild des heutigen Abends, der vor wenigen Sekunden noch so unklar und diesig vor uns lag. Schon steigen wir die Kellertreppe wieder hoch, in der rechten Hand die volle Weinflasche, in der linken Hand die TOMATENMARMELADE.
Damit lässt sich die Zeit bis zur Nachtspeise schön überbrücken.

Dosentomaten, klein geschnittene Eiertomaten, geschälten Knoblauch, grob geschnittene Zwiebel, Gewürzmischung, Öl, Tomatenmark, Chilischoten, Zitronengras, Ingwer, reichlich Salz und Pfeffer in den Mixer geben und kräftig pürieren.

Die Tomatensauce in einen Topf geben und mit dem Gelierzucker und der Brühe sowie dem Wasser verrühren und zum Kochen bringen. Unter Rühren ca. 5 Minuten (je nach Gelierzucker, siehe Packungsanleitung) kochen lassen.

Gelierprobe machen: 2 TL Marmelade auf einen kalten Teller geben! Wenn die Masse fest wird, eben geliert, ist die Marmelade fertig! Die Konsistenz sollte eher dickflüssig und auf gar keinen Fall schnittfest sein.

Die noch kochend heiße Masse in saubere, bereitgestellte Gläser (Joghurtgläser) füllen, verschließen und gleich auf den Kopf stellen (Haltbarmachung).

Die Gläser auskühlen lassen, dann in den Kühlschrank stellen. Die Tomatenmarmelade ist ungefähr 4 Wochen haltbar.

Vor dem Genuss:
Die Vorbereitungen beginnen eine Stunde vorher, also gegen 23:00 Uhr Ortszeit. Die Marmelade und den Ziegencamembert aus dem Kühlschrank nehmen, den Wein öffnen.

Die Marmelade eignet sich auch gut als ungewöhnliches Geschenk, dem man einen Ziegencamembert beifügt.

---

1 Dose geschälte Tomaten mit Saft (400 g)

2 frische Eiertomaten

2 Peperoncini

2 Knoblauchzehen

1 kleine Zwiebel

1 gehäufter TL Gewürzmischung »Contadina« (Basilikum, Chili, Petersilie, Schnittlauch) oder jeweils ein paar Blättchen frischer Basilikum und frische Minze

1 TL frisches Zitronengras

1 TL frischer Ingwer

1 EL Tomatenmark

1 EL Olivenöl

260 g Extra Gelierzucker 2:1

2 EL Wasser

1 TL Gemüsebrühpulver

Salz, Pfeffer

Curry Safari

Doch! Wir haben ihn noch, den Blick! Ganz tief unten im Stammhirn muss er noch angelegt sein.

Auf mehrere hundert Meter Entfernung sein Ziel erahnen, erriechen, sich dann geschmeidig wie ein Panther anschleichen. Die Beute erst einmal beobachten, den richtigen Moment abwarten und gnadenlos zuschlagen.

Der Großstadtjäger streunt durchs Kadewe. Zutaten aus aller Welt, aber was tun gegen den beißenden Hunger? Nichts wie raus aus diesem Kaufhaus, hinaus in die Steppe. Nun schweift der Blick des Jägers über die Straße zum Neulandfleischcurrywurstimbiss. Da ist sie, die Beute! Das Wild! Das Unzivilisierte! Das Archaische. Langsam die Straße überqueren. Sind noch viele Aasgeier hier, die mir die Beute streitig machen wollen? Nein, keine Futterkonkurrenten sind zu sehen. Nichts wie hin. Jetzt geht alles ganz schnell: Die Bedienung erkennt in mir den hungrigen Wolf und fragt mit zitternder Stimme, nachdem ich Currywurst bestellt habe: »Mit oder ohne Darm?«

»Mit Darm« – natürlich, natürlich. Nirgends schmeckt Currywurst so gut wie in der freien Wildbahn! Denn hier an der Futterstelle, wo hunderte von Currywürsten ihr Leben lassen mussten, hier konzentriert sich der Geschmack von hundert Würsten. »Klein schneiden?« »Ja«, sage ich mitleidlos und tauche den ersten Happen in die warme, blutfarbene Currysauce. Ich denke an meine Ahnen und meine würdige Art des Jagens und Sammelns. Mit einem ordentlichen »Waidmannsdank« drehe ich mich um und gehe.

Unruhe

Das Schöne am Fingerfood ist ja, dass es immer reichlich vorhanden ist. Nur manchmal, wenn zum Beispiel Besuch da war oder eine lange Fressnacht hinter einem liegt oder der Appetit plötzlich in eine völlig neue Richtung schlägt, kommt Unruhe auf. Und das ist wohl wirklich das richtige Wort: Unruhe. Besonders stark ist die Unruhe, wenn das Ziel nicht benannt werden kann. Der Blick in den Kühlschrank zeigt uns in Hülle und Fülle, was wir nicht wollen, und die Unruhe wird somit keineswegs besser. Das kann teuer werden. Hier werden einige Fingerfoodvarianten aufgezählt, an die man nicht sofort denkt, die aber, wenn ins Gedächtnis gerufen, doch Beruhigung hervorrufen können.

SUSHI SET	Taxi, Geld, Zeit.
KÄSEPLATTE	Taxi zum persönlich bekannten Restaurantbesitzer schicken, Geld, Zeit.
NACHOS	Telefonbuch, Taxi zum Mexikaner schicken, Geld, Zeit.
COUS COUS	Taxi zum Araber schicken, Geld, Zeit.
GYROS	Taxi zum Griechen schicken, Geld, Zeit.

Feinheit für Angeber
Parmesanchips

Angeberei ist doch etwas Herrliches. Ich geb's zu. Nichts ist so schön, als die halbe Wahrheit zu einem ganzen Erfolg zu machen. Nichts tut der gekränkten Seele so gut, wie die schlechte Quote zum intellektuellen Publikum zu erklären. Was haben wir nicht schon für tolle Sachen erlebt. Eine einzige Freude ist das: mein Leben. Und meine Küche ist, mit dem Muldenherd, schon ganz passabel. Das 90 cm breite Backrohr sieht auch gut aus. Ich kann auf meinem Wok-Brenner mit bis zu 5.000 Watt die Milch für den Kinderkakao heiß machen. Geht ganz schnell und auch Wasserkochen ist kein Problem. Gott sei Dank fragt mich kein Mensch, was meine Kinder von der angebrannten Milch und den immer zu weichen oder zu harten Eiern halten. Aber die angenehmste Form der Hochstapelei heißt: Parmesanchips

Parmesan gleichmäßig in die nicht gefettete, be-
schichtete Pfanne streuen. Der Boden sollte leicht
durchscheinen. Den Käse so lange erhitzen, bis er
zu einem feinen Gitter schmilzt. Wenn der Parmesan dann leicht angebraten ist, den äußeren Pfan-
nenboden blitzartig in eiskaltem Wasser (idealerweise Eiswasser oder Crunched Ice) abkühlen.
Dann mit einem Schaber vorsichtig die hauchdünne Parmesankruste aus der Pfanne lösen und auf
eine Küchenrolle legen.

geriebener
Parmesan

Autofahren

Die Überfahrt nach Amerika auf der Queen Elizabeth II. gehört zu den Wunschträumen aller richtigen Fresser. Alles gratis und von allem so viel man will. Und das sechs Tage lang. Und dabei eben nicht in der animierten Hitze eines Ferienclubs, wo mangels anderer Ideen doch alles wieder in Bewegung und Sport ausartet. Auf der Queen Elizabeth findet auch Bewegung statt. Sehr zügig bewegt uns das Schiff nach Amerika. Es ist für alles gesorgt. Nur für eines nicht – es gibt keinen McDonald's auf der Queen Elizabeth II. Das ist der Hauptgrund, warum ich immer mit dem Auto nach Amerika fahre. Erstens ist es nur ein paar Straßen weiter, zweitens bin ich garantiert allein und drittens habe ich schwarz getönte Scheiben und kann mir, ohne dumme oder mitleidige Fragen befürchten zu müssen, so viel bestellen, wie ich will. Zur Not bitte ich einfach um »Luftballons für die Kinder« und werfe diese auf die leere Rückbank. Wenn der Beifahrersitz so richtig schön mit den neuen Wochenangeboten voll geräumt ist und das Auto plötzlich so schön schnurrt und sich benimmt, als hätte es schon Airbags und ABS, dann ist eine große Stadtrundfahrt angesagt. Essen, fahren, hören und schauen. Ein herrlicher Genuss, in voller Fahrt durch die große Stadt. Screamin' J. Hawkins singt und die letzten 20 Jahre hat es nicht gegeben. Vom Beifahrersitz wehen, statt vernünftiger Fragen und Vorschläge, die Düfte von vielerlei ESSBARKEITEN herüber. Angefangen von oft wirklich heißen POMMES FRITES, welche man in SÜSS-SAURE SAUCE genauso tunken kann wie in SOUR CREAM, gelingt der Übergang zu den handlich frittierten LACHSNUGGETS nahtlos. Die gebackenen MOZZARELLAKUGELN sind ja schon Legende unter den Autofressern. Wirklich wie gemacht für das Cockpit.

Der ROYAL TS wird nur zur Hälfte gegessen, die andere Hälfte wird ganz in den Mund geschoben, weil der Fußgängerüberweg einen Griff zum Lenkrad notwendig macht. Schmeckt aber ebenfalls sehr gut. Jetzt kommen die POTATO WEDGES. So eine Schachtel ist sehr praktisch, man kann die Sour Cream hineinstellen, dann ist's noch bequemer. Nach dem BIG MÄC, der nicht zu

Unrecht den Ruf von McDonald's geprägt hat, eine Cola. Das ist wirklich nicht mein Getränk, aber so ein 0,4-l-Becher, wo das Eis leicht scheppert, ist nicht schlecht. Da ist jetzt ein Parkplatz. Der CHEFSALAT kann nicht im Fahren gegessen werden. Also hinein in die Parkmulde. Der Chefsalat ist sicher gesund. Das HAUSDRESSING drübergeschüttet und schon ist der ganze Salat nicht grün, sondern orange. Man könnte fast ins Philosophieren kommen, wie viele einsame Männer und Frauen da jetzt vorbeirasen. Wie viel ungenütztes Glück da im Laufe eines Tages verweht? Ein kleiner Zufall und man würde eine dieser vorbeibrausenden Schönheiten langsam und genüsslich zwischen den Küssen mit Erdbeertaschen füttern. Die ERDBEERTASCHE hat jetzt die richtige Temperatur. Die zweite ERDBEERTASCHE ist dagegen schon etwas kühler, schmeckt dafür aber nach Erdbeeren.
Zack, alles in die Papiertüte und ab in den Altpapiercontainer. Das ist Mülltrennung vom Feinsten. Nicht ein Klecks, weder am Lenkrad, noch auf der Kleidung.
Das Einzige ist der verräterische Duft im Auto. Aber auch da hat der erfahrene McDonaldist eine Methode: Scheibenwaschanlage einschalten, das zitronige Reinigungsmittel macht einen in wenigen Sekunden wieder unverdächtig. Und jetzt in den Bioladen wegen der Feigen und der Kartoffeln.

Während einer partnerüblichen Auseinandersetzung ...

1. EIN NICHT ZU GROSSER, SCHÖNER, ROTER APFEL wird während des beginnenden Streites geschält und in hauchdünne Spalten geschnitten. Eine Spalte wird, um den guten Willen zu zeigen, dem immer wütender werdenden Gegenüber angeboten. »An apple a day keeps the doctor away« – nach diesem Zitat beginnt normalerweise die laute Phase des Zweikampfs. Hier empfiehlt sich quasi zur Machtdemonstration die Einnahme von

2. MEHREREN SCHEIBEN EXTRA FETTER WURST OHNE BROT UND OHNE WORTE. Diese Provokation bewirkt beim Gegenüber massive Vorwürfe, meist mit Vergleichen aus dem Tierreich und dem Hinweis, dass ein Ochse wenigstens weiß, wann er genug hat. Nach der Antwort: »Eben weil ich weiß, wann ich genug habe, weiß ich, dass dies jetzt noch nicht der Fall ist.«, erfolgt der sofortige Genuss

3. EINER DICKEN SCHEIBE PECORINO MIT PFEFFER UND EINEM STÜCK WEISSBROT, welches wiederum mit einem kräftigen Schluck Eiswein heruntergespült wird. Die eigene Souveränität kann man neuerlich mit einem Zitat unterstreichen: »Wer isst, schimpft nicht!« Dies führt dann zu der etwas unglaubwürdigen Behauptung, dass das Geschimpfe und Genörgel eigentlich nur »von Sorge und Liebe« bestimmt sind.

4. NACH EINEM BISMARCKHERING AUS DEM GLAS und der schlürfenden Einnahme desselben eskaliert der Streit. Türen werden geworfen, Kühlschränke ausgeleert, Lieblingsweine zertrümmert, ja selbst der herrliche Schinken und die wunderbare Hartwurst werden provokant dem winselnden Familienhund in den Rachen geworfen. Jetzt ist der Augenblick, um das

5. ZWIEBELMETT MIT DER THAICHILISAUCE zu holen. Wenn die ersten Löffel dieser zartbittersüßsäuerlichen Mischung die Zunge benetzen, ist man längst allein. Es herrscht wieder Ruhe in der Küche und man kann seelenruhig die verschiedenen Mischverhältnisse Zwiebelmett/Chilisauce direkt auf dem Löffel ausprobieren.

schnell und viel.

Manchmal ist auch der richtige Fresser in Eile. Dann geht's ganz flott. Es lassen sich jedoch im Fingerfoodbereich durch Tempo ähnlich gute Ergebnisse erzielen wie bei den Nachtspeisen (siehe »Schlingnudeln«). Idealerweise startet man das Experiment drei Minuten bevor der Bus kommt. Man ist vollkommen angezogen, d. h. Schuhe, Mantel, Hut, die Tasche ist bereits umgehängt und jetzt schnell noch zum Kühlschrank: ein Stück FRANZÖSISCHE SALAMI, ein SCHEIBCHEN MUNSTER, EIN STÜCK KOHLRABI, dann EINEN SCHLUCK KAFFEE und EINE BANANE. Jetzt schnell noch eine Scheibe von der FRANZÖSISCHEN SALAMI und danach ganz schnell – ein Stück BITTERSCHOKOLADE (war ein Versehen, in der Eile die Schokolade statt der angepeilten Kirschtomate in den Mund gesteckt). Damit wurde aber praktisch durch Trial and Error ein neues Erlebnis möglich, denn dem anfänglichen Erschrecken über die irrtümlich in den Mund gesteckte Schokolade folgt der Übergang von fettig, würzig zu bitter-trocken-süß-kakaoig. Sensationell. Um auch die umgekehrte Variante auszuprobieren, wird erst ein STÜCK BITTERSCHOKOLADE (mindestens 70 % Kakao) und dann ein STÜCK SALAMI eingenommen. Während die Wohnungstür von außen verschlossen wird, entfalten die beschriebenen Geschmäcker im Rückwärtsgang ihre Appetit anregende Kraft und wirken beruhigend auf die Psyche angesichts der sich entfernenden Rücklichter des abfahrenden Busses.

23:30 Uhr nach einem schlechten Fernsehfilm

1. ein Minicornetto Schokolade
dann Talkshow

2. ein Vanillejoghurt mit einem mit Nutella bestrichenen Teelöffel (Nutella vorsichtig ablutschen, sodass der Löffel gemeinsam mit dem Joghurtbecher abgegessen wird.)
dann NTV-Börsennachrichten

3. getrocknete Biofeigen (soft!)
dann Wasserball-Europameisterschaft, Halbfinale

4. 9 Scheiben Fleischwurst
dann »Ruf-mich-an« (Ton abgedreht)

5. ein Scheibchen mittelalter Gouda
dann eine Giraffengeburt

und vorm Schlafengehen:

6. eine Ecke Weißschimmelkäse und ein süßsaures Gürkchen.

Das letzte Gericht
(Ein Gedicht)

WurstWurstWurstWurstWurst
WurstWurstWurstBrotWurst
WurstWurstWurstWurstWurst
WurstWurstWurstGurkeWurst
WurstWurstWurstWurstWurst
WurstWurstWurstDurstDurst
DurstWurstWurstWurstWurst
WurstWurstWurstKäseWurst
WurstWurstSenfWurstSenfWurst
Wurst Brot Wurst
Brot
Tod.
Wurscht.

Beipackzettel

Körperliche, soziale und psychische Wirkungen und Wechselwirkungen:
· Wohlbefinden in allen Seinsbereichen
· Auslastung des Organismus mit dem Verdauungsgeschehen, dadurch »Freiheit des Geistes«
· reflexive Entspannung der anliegenden Konflikte durch polyphage Seinsindifferenz (Alles ist wurscht!)
· Förderung des Weltfriedens durch Absenken der allgemeinen Kampfeslust
· Schutz vor sexuell motivierten Anstrengungen und Erschöpfungszuständen
· Aufrechterhaltung von sozialen Kontakten durch geläufige Gesprächsthemen wie Nudeln, Bier und Fressrekorde
· hilft gegen Workoholismus und Spontandepression

Selten werden auch körperliche, soziale und psychische Nebenwirkungen beobachtet, die in allerseltensten Ausnahmefällen auftreten könnten:
· Ehekrise bis hin zur Spontanscheidung
· Probleme am Arbeitsplatz, insbesondere bei Verkäufern oder Usern mit Kundenkontakt
· Prämienkürzungen
· totale Isolation wegen Geruchsbelästigung der Umwelt
· Amokkochen (es werden Akten, Handtaschen von Kollegen, Dienstanweisungen vom Chef etc. sofort gekocht und gegessen oder gehäckselt, mit dem Pürierstab bearbeitet oder einfach in den Grill gesteckt)

Weiter kommt es vereinzelt zu:
· Kopfschmerzen, Übelkeit, hyperglykämischem Schock, Erbrechen, psychischer Umnachtung, plötzlichem Blutdruckabfall oder Blutdruckanstieg, Sodbrennen, nächtlichem Reflux verbunden mit schweren Erstickungsanfällen bis hin zum plötzlichen Herztod, Würsteltod, Magendurchbruch,

Zuckerkrankheit, Darmverschluss, akuter Bauchspeicheldrüsenentzündung, Herzinfarkt, Gehirnschlag, Schlaganfall, Gefäßverschluss in den Beinen mit anschließender Amputation beider Beine, Krebs in allen mit der Verdauung beschäftigten Organen, Nierenversagen, Leberkoma u. v. a.

· Lohnpfändungen
· Sachpfändungen
· Ruin

Nachschlag

Die Hauptspeisen

Die Nachtspeisen

Fingerfood

Fressen und ...

Rezepte alphabetisch